회사는 싫지만
회사 생활은 잘하고 싶어

회사는 싫지만
회사 생활은 잘하고 싶어

추이추이 지음 | 고경아 옮김

다른
상상

내 인생의 주인이 되는 관리의 기술

반년 전 어느 날, 나는 다음과 같이 적힌 메일 하나를 받았다. "당신의 관리기술이 향후 30년 내 인생을 바꿔놓았습니다." 처음 에는 과장이 심하다고 생각했지만, 자세히 읽어보니 무슨 말인 지 알 수 있었다.

전직 기자였던 리칭은 아이를 낳자 일을 그만두고 열심히 가 정을 돌봤다. 남편이 집으로 돌아와 그들이 곧 파산할 거라고 말 하기 전까지만 해도 자신은 안정된 삶을 누리며 행복하게 살 것 이라고 생각했다. 그런데 남편은 3년 만에 처음으로 그녀에게 몇백만 위안의 빚과 힘들어진 회사 얘기를 꺼냈다.

리칭은 한 달 동안 집 안에 처박혀 있었다. 그러다 문득 전에 들었던 수업에서 나온 "통제 불능의 인생은 관리가 필요하다"라 는 말이 떠올랐다. 한 달 후 그녀는 회사 폐업에 동의하지 않기 로 했다. 회사 경영 방향을 바꾸고 채권자에게 상환일을 연장해

달라고 설득했으며, 사이가 별로 좋지 않았던 시어머니에게 아이를 봐달라고 부탁하고는 회사 경영에 직접 나섰다.

그녀는 수업에서 들었던 설득 관리, 도움 관리, 행동 관리를 실천에 옮겼다. 이것이야말로 자신이 진정으로 원하는 인생이라고 생각했다.

그녀가 배운 과목은 내 온라인 수업인 '내 인생의 CEO가 돼라'였다.

에디터가 그녀를 인터뷰한 내용으로 써 내려간 이야기에 나는 다음과 같은 머리말을 덧붙였다. '어떤 여건 속에서도 여전히 선택을 한다는 것은 얼마나 매력적인 자세인가.'

1년 동안 약 20만 명이 온라인 수업을 시청했고, 많은 수강생들이 '관리'가 가져온 변화를 이메일을 통해 얘기해주었다. 그저 하나의 수업에 불과했지만, 우리가 서로의 일생에서 한 시기의 경험을 공유했다는 것이 무척이나 신기했다.

'내 인생의 CEO가 돼라'를 오래 남겨두고 더욱 다양한 방식으로 더 많은 사람들과 만나고 싶은 마음에 아예 일부 내용을 수정하고 펜을 들어 이 책으로 탈바꿈시켰다.

나는 경영학과 출신이 아닌데도 일한 지 얼마 안 되어 바로 관리직을 맡았다. 수차례 넘어졌고 속수무책인 적도 있었다. 말하자니 좀 웃기기도 하다. 당시 국내에서 가장 좋은 경제 전문 출판사에 다녔기 때문에 매일 최고의 경영서적을 만날 수 있었다. 하지만 사람이 그렇다. 날마다 책을 읽으며 스승의 간곡한 가르침을 마주해도 어디에 써먹어야 할지 모르는 것처럼, 그때의 나는 요즘 친구들처럼 '나는 신입에 불과해서 아무 권력도 없는데, 관리가 나랑 무슨 관계가 있겠어'라고 마음속으로 생각하고 있었다.

나중에 어느 기업인을 인터뷰하면서 들었던 "회사처럼 사람도 관리가 필요하다"라는 한마디에 깨달음을 얻었다. 그때부터 나는 새로운 세상을 보게 되었다. 기업인을 인터뷰하고 경영서적을 편집하는 일은 내가 '관리 방법'을 받아들이는 절호의 기회가 되었다.

스펀지가 물을 보면 빨아들이듯 나도 모든 것을 흡수했다.

내가 포기하지 않을 수 있었던 이유는 끈기 때문이 아니라 확실하고 눈에 보이는 장점 때문이었다. '상사 관리'를 썼기 때문에 사장이 내 요구에 협조했다고 생각한다. 내가 새로 온 동료에게 '설득 관리'를 해보라고 부추겼기 때문에 그는 다른 사람이 얻지 못하는 자원을 단숨에 얻어냈다. 협상 전 우리는 '행동 관리'를 원칙으로 문제의 본질을 더욱 정확하게 파악하여 한곳에서 맴돌지 않았으며, 행동을 취할 때는 안정되고 확실하며 단호했다. 많은 팀을 이끌면서 늘 '협력 관리'를 유지한 덕분에 사람과 사람 사이의 가장 본질적인 관계를 찾는 데 도움을 받았으며, 더욱 유대감 깊은 동행자들이 생겼다.

이렇듯 '관리'는 내 모든 행동과 생각의 출발점이 되었으며, 심지어 내 가치관이 되었다.

6

'관리'라는 단어는 공격적이고 강한 느낌이 많이 들기 때문에 사람들을 움츠러들게 한다.

그러나 이 책에서 얘기하는 관리는 이와는 전혀 상반된 개념으로, 한 발짝 뒤로 물러서기의 예술이다. 제어력을 잃고 충돌을 피할 수 없을 때 멈춰서 한 발짝 뒤로 물러선 뒤, '관리'의 사고로 '사실'을 보려고 시도하는 것이다.

많은 사람들은 생각한다. 회사 생활이 너무 답답하고 힘들다고. 자꾸만 끌려 다니는 것 같고, 내 인생인데 아무리 애써도 내 뜻대로 되는 게 하나도 없다고. 이 모든 건 자신이 원했던 삶이 아니라고 불만을 터뜨린다. 잘못된 길 위에서 목적지가 어딘지도 모른 채 미친 듯이 달려가는 것 같다고 체념한다. 도대체 뭐가 문제일까? 답은 의외로 간단하다. 처음부터 방향이 틀렸기 때문이다. 이 책은 회사 다니는 일이 막막하기만 했던 모든 직장인들을 위해, 누구도 속 시원하게 알려주지 않았던 회사 생활에 꼭 필요한 12가지 생존 기술을 담았다.

입사한 지 얼마 안 되어 관리직을 맡았던 나는 나보다 나이며 경력이 많은 사람들을 관리하고, 강력한 갑과 협상을 했다. 관리는 상명하달인가? 아니다. 한 발짝 뒤로 물러서면 관리는 당신이 건네는 말마다 효과 있게 함으로써 당신의 사장과 고객을 관리하고, 더 큰 권위자를 관리하게 한다는 점을 발견할 수 있을 것이다.

나중에 나는 새 회사의 CEO를 맡아 새로운 업무 영역을 개척했는데, 변화가 만만치 않았다. 날마다 질문과 논쟁 그리고 조율 속에서 발버둥 치며 온몸에 멍이 들도록 쓰러지고 넘어졌다. 관리는 관계를 잘 맺는 것, 팔방미인 같은 것인가? 아니다. 관리는 충돌을 허락하고 효과적으로 소통하는 것으로, 도전에 맞서는 필수적인 생존 기술이다.

다시 1년이 지나 나는 엄마가 되었다. 모든 것이 복잡하게 뒤엉켰고 하루에 20시간을 깨어 있지 못하는 것이 한스러웠다. 그런데 물과 불이 공존할 수 없는 것처럼 일과 가정도 서로 균형을 이루는 것이 불가능한가? 아니다. 멈춰서 조금만 속도를 줄이면 가정도 관리가 필요하며, 자원을 조율하고 서로 성과를 이뤄내야 한다는 것을 알게 될 것이다.

2016년 나는 새 출발을 했다. 맘셀프(Momself)를 설립하고 사업을 시작했다.

나는 꾸준히 나아가는 것을 선택했다. 내면의 소리를 들었을 뿐이지만, 나 자신이 감당할 수 있으리라 믿었다. 왜냐하면 내 곁에 있는 수호신이 나의 시간, 에너지, 감정 그리고 목표를 감싸고 있었기 때문이다.

그 이름이 바로 관리이다.

관리는 모든 사람의 필수 생존 기술이다. 크게는 사업 전환점, 감정 선택부터 작게는 오늘의 협상, 부모나 친구와의 소통까지 연관되어 있다. 당신이 판단을 하고 정책을 결정하고 또는 다른 사람과 교류를 해야 한다면, 당신에게는 관리가 필요하다.

세상은 늘 불확실성으로 가득해서, 인생이 우리를 특별하게 대우할 때도 있지만 잔인하게 대할 때도 있다. 따라서 여기에 대응할 유일한 방법은 자신에게 내재하는 확실성을 높이도록 노력하는 것이다.

인생은 단 한 번뿐이다. 인생의 관리를 받고 싶지 않다면 당신이 인생을 관리해야 한다.

| 차례 |

그의 감정까지
내가
책임질 필요는 없다

- 에너지 관리

사장이 화를 내면
우리는 왜 당황할까

우리는 업무 중에 종종 이런 상황을 겪는다.

당신은 심혈을 기울여 기획안을 만들었다. 분명 철저한 준비와 풍부한 아이디어로 중무장했지만, 기획안을 설명하는 과정에서 사장이 불만스러운 태도로 화를 내거나 고객이 다른 견해에 관해 질문할 경우 당신은 당황한다. 순식간에 무력해지고 말을 얼버무리며 심장박동이 빨라진다. 어떻게 말해야 할지 또 어떻게 행동해야 할지 감을 잃은 채 '망했다, 망했어. 사장이 화났을까?' '고객이 분명 마음에 들어하지 않을 거야. 이번에도 틀려먹었어!'라는 생각으로 머릿속이 뒤죽박죽이 된다.

사태가 어느 정도 진정되면 당신은 다시 '그때 분명히 대안이 있었는데 도대체 왜 그랬을까? 이게 다 내가 자신감이 부족하고 빠릿빠릿하지 못해서 그런 거야'라며 자책해버린다.

나는 이런 상황을 겪는 동료들을 볼 때마다 참지 못하고 "사장이 화냈다고 해서 당신이 당황할 이유가 뭐 있어?" 이렇게 묻곤 한다. 그러면 동료들은 하나같이 "너무 쉽게 말하는 거 아니야? 나 때문에 사장이 화났는데 어떻게 당황하지 않을 수 있겠어? 농담도 참!"이라며 의아하다는 듯 되묻는다.

사실 위에서 말한 간단하고도 책임감 없어 보이는 '농담'에는 심오한 경영학 개념인 '분업'이 숨어 있다.

여기서 말하는 분업이란, 모든 사람은 자신이 책임져야 하는 일을 잘 책임진다는 뜻이다. 이 개념을 일에 적용해보면 '우리는 다른 사람의 일을 책임질 필요가 없다'는 의미로 이해할 수 있으며, 일상생활에 적용해보면 '나는 다른 사람의 괴로움을 책임질 필요가 없다!'로 해석할 수 있다.

'내가 그 사람의 기분을 언짢게 했고 나 때문에 괴로워하는데 어떻게 내가 그 사람의 괴로움에 책임감을 느끼지 않아도 된다는 거지?' 지금 이런 괴로움에 빠진 사람들은 아마 십중팔구 똑같은 생각을 할 것이다. 10년 전에는 나도 같은 생각이었다.

사장의 감정은
사장의 몫

사장 얘기만 나와도…

10년 전 어느 날, 직장에서 아직 신입이었던 나는 오랫동안 준비한 기획안을 모든 동료들 앞에서 발표했다. 절반쯤 설명했을 때 사장이 "이 기획안은 어설프고 부실한 부분이 많네"라며 내 말을 잘랐다. 갑자기 멍해진 나는 그야말로 속수무책이었다. 순간 머릿속에 '사장이 화났겠지? 나를 뽑은 것을 후회하지는 않을까? 동료들은 내가 멍청하다고 생각하지 않을까? 혹시 내가 방해된다고 여기지는 않을까?'라는 생각이 들었다.

나는 이마에 땀이 맺힌 채 "그러니까… 제 생각은…"이라고 더듬더듬 말을 이어갔으며, 꽤 오랜 시간 동안 완벽한 문장을 한 마디도 내뱉지 못했다. 결국 인내심에 한계를 느낀 사장은 자리를 떠났고, 동료들도 하나둘 회의장을 벗어났다.

그야말로 최악이었다! 내가 아무것도 모르는 초짜에 불과하다는 스스로에 대한 회의감 때문에 오랜 시간을 괴로워했다. 무얼 하든 잘 안 됐고, 사기가 밑바닥까지 떨어졌으며, 업무 효율도 심각하게 낮아졌다. 마음속에 어두운 그림자가 드리운 듯했다. '사장'이라는 말만 들어도 얼굴색이 변했고, 사장과 얘기할 때나 사람들 앞에서 발언할 때면 긴장을 감추지 못했다.

나중에 수많은 심리학과 경영학 관련 서적을 연구하면서 이러한 상태에 대해 차츰 이해하게 되었다. 우리가 종종 수동적인 상황에 빠져 스스로 벗어나지 못하고 심지어 행동력까지 저하되는 이유는 무엇일까? 이는 다른 사람의 불만을 느끼면 마음속에 죄책감이 생기기 때문이다. '다 나 때문이야.' 내가 그의 기분을 망쳤으니 다 내 잘못이라는 것이다. 일단 이런 생각이 들면 가장 중요한 에너지를 전부 나 자신을 부정하는 데 사용하므로 노력이 방향을 잃고 원동력도 상실한다.

그렇다면 이러한 수동적인 상황에서 벗어나 원동력을 되찾을 수 있는 방법은 무엇인가? 바로 이때가 '분업'의 개념인 '다른 사람의 괴로움을 내가 책임질 필요는 없다'를 사용할 타이밍이다. 사장이 나에게 불만이 있으면 그것은 사장의 괴로움이므로 내가 책임질 필요가 없다. 사장의 괴로움을 내 탓으로 돌리는 것은 분업의 의미를 잘못 파악한 것이다.

만약 내가 10년 전에 이 '분업'의 개념을 이해했더라면 상황이 달라지지 않았을까? 사장이 내 기획안이 어설프다고 했을 때

마음속으로 '사장이 화가 많이 난 것 같지만, 그건 그 사람 일이고 스스로 책임져야 해. 내가 책임져야 할 일은 바로 이 기획안을 확실하게 설명하는 거야'라고 자신에게 얘기했다면 어땠을까. 그때 나에게 분업에 대한 이런 생각이 있었다면 내 주의력을 필요한 일에 집중하고 생각을 정리해서 사장과 동료들에게 내 견해를 자신감 있게 설명할 수 있었을 것이다. "방금 제 설명에 미흡한 점이 있는 것 같아서 다시 말씀드리겠습니다. 이 사업의 타당성 보고서를 봐주십시오. 이 내용 안에 기획안 평가와 긴급 대비책에 관한 설명이 있습니다"라고 말이다.

다른 사람의 괴로움을 책임져야 한다는 생각을 버리면 애당초 우리 몫이 아니었던 짐을 떨쳐버리고 홀가분해질 수 있다.

관계를 주도적으로 만드는 법

업무와 연관된 일은 이렇게 분업이 가능하다고 해도 일상생활에서는 어떨까? 가족이나 연인과의 관계에서도 냉정함을 유지하면서 상대의 괴로움에 영향을 받지 않는 것이 가능할까? 분업을 확실하게 해내는 것이 가능할까?

결혼 재촉을 예로 들어보자. 부모님은 내가 아직 결혼하지 않은 것 때문에 화가 나고 속상한 나머지 종종 얼굴 붉힐 일이 생긴다. 부모님이 귀찮을 정도로 재촉하니 정말이지 답답한 노룻이다. 이런 상황에서 나는 과연 부모님의 괴로움에 일말의 책임도 없다고 할 수 있을까? 만일 그렇다고 한다면 너무 피도 눈물도 없는 것 아닐까?

이 문제에 대해서 잘 생각해보자. 우리는 왜 짜증이 날까? 당신은 아마 "부모님의 잔소리가 너무 지긋지긋해서"라든가 "내가 하지 못하는 일을 요구하니까"라고 대답할 것이다. 그러나 이는 겉으로 드러난 원인일 뿐이며, 진짜 이유는 바로 그 뒤에 숨겨진 우리의 부담감 때문이다. 우리는 부모님을 실망시키면 그들이 바라는 완벽한 자식이 되지 못한다고 생각한다. 그렇지 않은가? 결혼 재촉 사례만 보더라도 우리가 여러 가지 책임감과 괴로움을 한데 섞어놓고 대응하여 결국 가족 사이에 '아수라장'을 만들고 만다는 사실을 알 수 있다. 그래서 서로 사랑하고 아끼는 사이인데도 의견이 다르면 한바탕 난리가 나기도 하며, 이야기를 나누면 나눌수록 속상하고 괴로워지는 것이다. 이런 상황에서 우리가 받는 스트레스는 실로 어마어마하다.

이럴 때는 '분업' 개념을 어떻게 활용해야 할까? 다른 각도에서 생각해보자. 결혼을 재촉당하는 당사자가 내가 아니라 친언니라고 가정해보자. 엄마는 언니가 결혼을 자꾸 미뤄서 속상해한다. 그렇다면 나는 어떻게 할까? 짜증 내지 않을 가능성이 아주 크다. 나는 문제의 핵심에서 벗어나 있으니 엄마의 실망과 고민은 당신의 문제일 뿐이라는 객관적인 반응을 보일 것이다. 딸의 행복을 걱정하는 마음 급한 엄마에게 한 걸음 다가가서 엄마가 느낀 실망감을 함께 나누고 위로하며 안아줄 수도 있다. 그 상황에서 나는 죄책감을 느끼거나 자책하지 않으며, 이러한 감정적 스트레스 때문에 엄마와 다투는 일도 없을 것이다.

이런 분업 사고를 갖춘다면 사고 방향이 갑자기 뚜렷해지는 것을 깨닫고는 놀라움을 금치 못할 것이다. 이렇게 되면 서로가 책임져야 하는 것이 분명해져서 나를 속박하던 일이 사라지고 다른 방법을 취할 수도 있다는 사실을 발견하게 된다. 연로한 부모님을 실망시킨 나 자신이 아니라 실망한 부모님에게 초점을 제대로 맞출 수 있는 것이다. 그러면 엄마를 이해하고 엄마가 자신의 감정을 똑바로 보고 처리하게끔 도울 수 있다. 이는 '냉정한' 행동이 아니라 오히려 따뜻한 행동이며, 이를 계기로 부모님과의 관계가 더 부드러워지고 편해질 수 있다. 이제 더 이상 당신 때문에 관계가 거북해지는 일은 없을 것이다.

이렇듯 다른 사람의 괴로움을 책임지지 않으면 우리 스스로 더욱 바람직하게 행동할 수 있고 우리가 사랑하는 사람을 진정으로 돕게 된다. 결혼 재촉 사례를 통해 인간관계에서 자신의 수동적인 태도를 능동적으로 바꾸는 방법을 이야기해보았다. 이는 소통의 테크닉이 아니라 '분업' 개념을 활용하는 방법, 사고방식을 바꾸는 방법 그리고 마음속 생각을 전환하는 방법을 가르쳐준다. 다른 사람의 괴로움을 책임져야 한다는 생각을 버려야 근본적으로 속박에서 벗어나고 한계를 극복하여 관계를 주도적으로 추진할 수 있다.

왜 다 내 탓으로
돌리는 걸까

"내 사고방식을 바꾸라는 말은 잘 알겠는데, 구체적인 상황에 맞닥뜨리면 습관 때문인지 또다시 자기부정에 빠지고 맙니다. 사고방식 전환에 도움이 되는 좋은 노하우가 없을까요?"라고 묻는 사람도 있다.

여러분에게 한 가지 방법을 공유하겠다. 바로 주어 전환이다. 즉 다른 사람의 괴로움을 묘사할 때 괴로움의 주체를 문장의 주어로 하는 것이다.

예를 들어 사장 또는 고객의 불만에 관해서 "내가 제대로 설명하지 못하고 표현 능력이 떨어져서 사장이 화났다"를 "빈틈 있는 기획안을 수용할 수 없어서 사장이 마음이 급해졌다"로 전환한다. 이런 생각의 틀에서 바라보면 지금 당신에게 가장 중요한 것이 무엇인지 확실해진다. 바로 기획안을 최적화하는 것이다.

이렇듯 주어 전환 방법을 적절히 사용한다면 당신은 '자기부정'에서 벗어나 모든 에너지를 필요한 일에 집중함으로써 새로운 목표를 찾을 수 있다.

대학 교수인 내 친구는 한동안 깊은 고민에 빠졌다. "곧 졸업 시즌이라 학생들이 직업 상담을 하러 많이 오거든. 그런데 만일 창업과는 맞지 않는 학생이 내 의견을 듣고 덜컥 창업을 해버리면 어떡하지?"라고 털어놓았다.

나는 그 친구에게 "만일 그 학생이 창업에 성공하면 너는 어떤 생각이 들까? 공의 절반은 너의 것이라고 생각할까?"라고 물었다. 이 질문에 친구는 "아니지. 만일 그 학생이 성공한다면 그 학생의 능력이 뛰어나다는 의미겠지"라고 대답했다.

"그것 봐. 다른 사람이 성공하면 그 사람 본인이 잘했기 때문이라고 쉽게 인정하면서, 상대가 괴로워할 때는 왜 내 탓으로 돌리는 걸까? 요컨대, 그 학생의 성공에 네 공이 없는 거라면 그가 실패해도 네 책임은 없는 거야"라고 말했다.

친구의 사례에서도 "내가 그 학생에게 제안해서 그가 실패했다"를 "그 학생이 내 제안을 받아들였고 그가 실패했다"로 생각을 전환할 수 있다. 이런 사고방식을 반복적으로 연습하다 보면 이와 비슷한 수동적인 상황에서도 타인의 괴로움과 자신의 책임을 정확하게 구분하고, 자신의 본분을 확실히 하여 주도권을 장악할 수 있을 것이다.

자꾸
남 탓 하는 심리

분업을 '다른 사람의 괴로움을 자신이 떠안지 말라'에 국한하지 않고 확장된 의미인 '자신의 괴로움을 다른 사람 탓으로 돌리지 말라'까지 파악한다면 전반적인 분업의 개념을 이해하는데 큰 도움이 된다. 불평은 사람 사이의 소통에서 가장 효과 없는 방식으로, 문제 해결에 전혀 도움이 되지 않으며 쌍방의 관계를 대립으로 몰아가기도 한다. 다음 표현을 함께 살펴보자.

"엄마가 바쁜 건 다 네가 엄마 말을 안 들어서 그런 거야!"

"내가 화난 건 다 당신이 믿음직스럽지 못한 탓이잖아!"

"참 재수도 없지! 어쩌다 저런 직원을 만나 가지고는….''

문제가 생기면 우리는 먼저 나 자신을 위해 변명하고 상대방을 원망하며 '내가 괴로운 이유는 당신 탓이므로 당신이 내 고통을 책임져야 한다'고 생각한다. 이렇게 생각하는 순간 마음이 후련해진다. 그렇지만 이게 맞을까? 나는 아니라고 생각한다.

당신 때문에 괴롭다?

내 고객 이야기다. 그녀는 3년 동안 사귄 남자 친구가 상하이로 떠나게 되자 집에서 마련해준 일자리도 마다하고 짐을 싸서 상하이로 따라나섰다. 서로 떨어지지 않아야 감정이 변치 않으리라고 믿었기 때문이다. 그러나 현실은 달랐다. 상하이에서 함께 지낸 지 반년도 채 안 되어 그녀와 남자 친구의 끝없는 다툼이 시작되었다.

여자는 "너는 매일 밖에서 야근이다 접대다 하면서 집에 늦게 들어오는데, 내 생각은 해봤어? 넌 친구도 있고 동료나 고객도 있지만 나는? 난 너밖에 없는데, 왜 나랑 함께하지 않는 거야?"라며 불만을 늘어놓는다. 그러면 남자는 "미안, 미안! 퇴근하면 바로 갈게"라며 건성으로 대답한다.

남자가 조금이라도 여자를 소홀히 한다거나 귀찮아하면 여자는 "내가 누구 때문에 상하이에 왔는데? 다 너 때문이잖아! 난 여기에 가족도 친구도 없고 믿을 사람이라고는 너뿐인데, 네가 어떻게 나한테 이럴 수 있어?"라며 서러움을 토해낸다.

여자는 생각할수록 자신의 '비참한 생활'이 전적으로 남자 친구 때문이라고 생각할 것이다. 얼마나 고통스러울지 상상이 간다. 더욱 심각한 일은 그 둘의 관계가 '악화일로'를 걷는다는 것이다. 여자가 붙잡을수록 남자는 도망가려고 한다. 접대가 없더라도 회사에서 최대한 버티다가 집에 늦게 들어가기도 한다.

어딘가 이상하지 않은가? 분명 여자는 남자 친구가 마음 편히 일하게 하고 두 사람이 함께 행복하려고 상하이로 왔는데, 어쩌다 상황이 이 지경이 됐을까? 어째서 남자 친구의 일과 그녀의 행복이 대립각을 이루게 됐을까?

이 사례에 분업 개념을 적용하면 문제의 본질을 쉽게 파악할 수 있다. 그것은 바로 여자가 '분업'의 의미를 잘못 파악했기 때문이다. 여자가 자신의 괴로움을 전적으로 남자 친구 탓으로 돌렸기 때문에 둘의 관계가 교착상태에 빠진 것이다. "내가 지금 이렇게 불행한 건 전부 너 때문이야" "내가 고향을 떠나서 여기까지 온 건 다 너를 위해서니까 네가 나를 책임져야 해"라는 전통적이며 본능적인 사고방식에서 벗어나지 못하고, 주도권을 완전히 남자 친구에게 넘겨준 것처럼 행동했다. "남자 친구가 바뀌지 않으면 이 도시에 내가 설 자리는 없어"라는 이상한 신념에 사로잡히기까지 했다. 그런데 실제로 정말 그런가? 만일 여자가 '분업'의 관점에서 둘의 관계를 다시 바라보면 뭔가 달라질 수 있을까?

우리는 앞에서 괴로움의 주체를 구분하면서 문장의 주어를 '그'로 바꿔보았다. 여기서는 인과관계에서 원인을 나타내는 주체를 '나'로 바꿔보자. 예를 들어 "내가 남자 친구를 따라 상하이에 온 이유는 다 그 사람 때문이다"를 "내가 남자 친구를 따라 상하이에 온 것은 나 스스로가 결정한 일이다"로 바꿔보고 "남자 친구가 나와 함께하지 않아서 너무 서운하다"에서 "나와 함께해

주었으면 하는 마음 때문에 너무 서운하다"로 바꿔본다.

이렇게 생각했을 때 직접적인 변화는 여자의 사고가 열린다는 것이다. 이를 통해 더 나은 방식으로 남자 친구와 함께 시간을 보내거나 취미활동을 하거나 친구를 사귀거나 기술을 배울수도 있다. 이 모든 것은 '자신'을 위한 것이라 원망과 적대감이줄어들며, 남자 친구 역시 여자 친구가 하루하루를 알차게 보낸다고 생각할 것이다. 둘의 관계는 평등하고 사이좋은 상태로 접어들 수 있다.

이게 다 너 때문이다?

다시 직장에서 일어나는 사례를 통해 주어 전환 응용법을 알아보자. 얼마 전 회사의 협력 프로젝트가 순조롭게 진행되지 않아 직원들과 함께 살펴볼 때였다. 한 직원이 "제가 왜 하지 못했을까요? 이게 다 을을 신뢰할 수 없어서 그런 겁니다"라고 말했다. 자, 우리는 여기서 그의 말 속에 '나도 문제가 있지만 최종 책임은 을에 있다'는 뜻이 숨겨져 있음을 알아차려야 한다.

그렇다면 그 직원은 이 말을 했을 때 다시 적극적으로 행동하려고 할까? 아닐 것이다. 이런 말을 한다는 것은 그가 마음속으로 이 책임이 모두 상대방에게 있으며 자신은 수동적이라고생각한다는 것을 의미하므로 어떤 문제가 생기더라도 해결책을 주도적으로 찾기 힘들다.

그 직원을 따로 만난 자리에서 "이번 일이 당신한테 영향을 줄까?"라고 물었더니 그는 "나도 기분이 너무 안 좋아. 성과가 물거품이 됐고, 팀 내의 신용에도 영향을 줬거든"이라고 대답했다. 그가 괴로워하는 모습이 보이는가? '그의 괴로움', 바로 그것이 그가 책임져야 하는 일이다. 그렇다면 그가 '분업'의 방법을 통해 자신의 주도성을 불러일으키도록 도울 방법은 없을까?

주어를 전환해보자. "을을 신뢰할 수 없어서"를 "내가 을을 어찌할 방법이 없어서"로 바꾸는 것이다. 우리의 행동은 의식의 영향을 받기 때문에 이 간단한 전환법을 얕보면 안 된다. 이 단계까지의 사고 전환이 가능하다면 적어도 적극성 측면에 다소 변화가 생기는데, 스스로 이를 책임지기 위해 "내가 을과 협력할 수 있는 더 좋은 방법을 찾아야 한다"고 인식하게 된다.

사람과 사람 사이의 가장 근본적인 차이는 인식의 차이에서 오는 경우가 많다. 그래서 나는 애써 사람의 행동을 바로잡으려 하지 않고 그 사람의 인식에 영향을 주는 데 집중한다. 정확한 분업을 통해 자신의 책임을 의식할 수 있으면 그 사람은 능동적으로 행동하게 된다.

사고전환의 '신기함'은 바로 여기에 있다. 이러한 의식을 '지니게' 되면 상대가 변하기만 손꼽아 기다리던 상황에서 벗어나 자발적으로 행동하고 더욱 적극적인 마음가짐을 지니게 되며, 수동적으로 보이는 상황에서 다시 주도권을 장악하게 된다.

행복해지고 싶다면
가장 먼저 해야 할 일

'분업'은 사실 한 문장으로 함축할 수 있다. 바로 다른 사람의 괴로움을 책임져야 한다는 태도를 버리고, 또한 나도 내 괴로움을 다른 사람 탓으로 돌리지 않는 것이다. 조금 더 간결하게 말하면, "괴로운 사람이 책임지기"다. 이 열 글자는 개인심리학의 핵심 개념 가운데 하나인 과제 분리와 연관되어 있다.

개인심리학의 창시자 알프레드 아들러는 우리는 행복할 능력이 있지만, 행복하려면 우선 '다른 사람의 과제에 간섭하지 않으며 다른 사람도 내 과제에 간섭하지 않게 한다'를 실천해야 한다고 강조했다. 추상적으로 들릴 수 있지만 '분업' 개념을 이용하면 쉽게 이해되지 않는가?

성공한 인사들은 자신의 에너지를 합리적으로 배분해서 무의미한 일에 낭비하지 않는다. 요컨대 '분업'이야말로 에너지를 합리적으로 배분하는 요령이다.

아래 문제에 대한 해결방법을 찾아보자

I. 생활 면에서 어떤 수동적인 경우들이 있는가?

_____

_____

_____

2. 1장의 과정을 학습한 뒤 '분업'을 응용하여 위에서 말한 수동
적인 경우를 전환해보시오.

_____

_____

_____

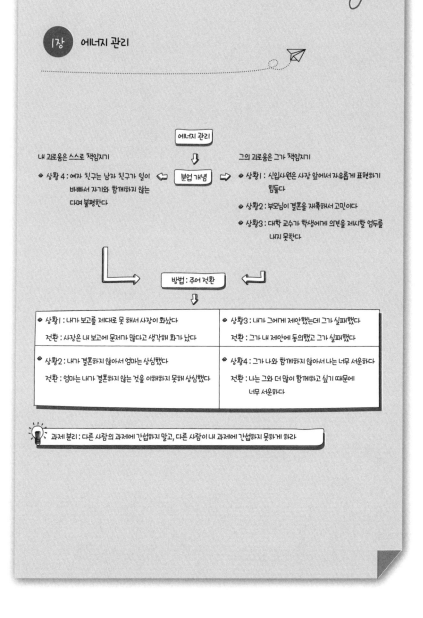

1장 에너지 관리

에너지 관리

내 괴로움은 스스로 책임지기

◆ 상황 4 : 여자 친구는 남자 친구가 일이
바빠서 자기와 함께하지 않는
다며 불평한다

분업 개념

그의 괴로움은 그가 책임지기

◆ 상황1 : 신입사원은 사장 앞에서 자유롭게 표현하기
힘들다

◆ 상황2 : 부모님이 결혼을 재촉해서 고민이다

◆ 상황3 : 대학 교수가 학생에게 의견을 제시할 엄두를
내지 못한다

방법 : 주어 전환

◆ 상황1 : 내가 보고를 제대로 못 해서 사장이 화났다

　전환 : 사장은 내 보고에 문제가 많다고 생각해 화가 났다

◆ 상황2 : 내가 결혼하지 않아서 엄마는 상심했다

　전환 : 엄마는 내가 결혼하지 않는 것을 이해하지 못해 상심했다

◆ 상황3 : 내가 그에게 제안했는데 그가 실패했다

　전환 : 그가 내 제안에 동의했고 그가 실패했다

◆ 상황4 : 그가 나와 함께하지 않아서 나는 너무 서운하다

　전환 : 나는 그와 더 많이 함께하고 싶기 때문에
너무 서운하다

과제 분리 : 다른 사람의 과제에 간섭하지 말고, 다른 사람이 내 과제에 간섭하지 못하게 하라

4가지 핵심 기술로
무엇이든 설득한다

- 행동 관리

툭하면 마감을 안 지키는
동료에게 대처하는 법

예전에 출연한 토크쇼에서 사회자가 자신의 아이에게 툭하면 미루는 버릇이 있다며, 어떻게 하면 좋을지 물어본 적이 있었다. 나는 미루는 버릇은 지나치게 사랑받아서 그런 거라고 말했다. 사회자는 말에 숨겨진 의미를 이해하고는 "한 번도 그렇게 생각해본 적이 없었어요"라며 크게 웃었다.

이 말을 설명하려면 먼저 몇 가지 이야기를 해야겠다.

직장 동료인 샤오리우에게는 미루는 버릇이 있었다. 아무리 재촉해도 번번이 마감 날에야 허겁지겁 결과물을 제출했기 때문에, 우리는 모두 하던 일을 잠시 멈추고 우선 샤오리우가 제출한 결과물을 심사해야 했다. 이렇게 하는 심사가 무슨 의미가 있겠는가. 내용의 좋고 나쁨을 떠나서 수정안을 제시할 여유가 없기 때문에 퀄리티를 보장할 수 없는 것은 당연지사였다. 이 때문에 샤오리우의 팀장은 그의 나쁜 버릇을 고쳐줘야겠다고 별렀다.

나는 그 팀장에게 샤오리우의 문제가 어디서 비롯된다고 생각하는지 물었다. 팀장은 영문을 모르겠다는 듯 "끈기가 부족하고 자기관리가 안 돼서 그런 것 아닐까? 시간 관리하는 법 좀 배워보라고 해야 하나? 아냐, 다 소용없어. 해줄 말은 이미 다 해줬고 필요한 기술도 빠짐없이 알려줬는데, 하루이틀 열심히 하다가 금세 또 흐지부지되더라고"라며 불만을 털어놓았다.

이런 동료를 만나면 정말 골치가 아프다. 더 환장할 노릇은, 온갖 방법을 다 동원해도 먹히지 않는다는 것이다. 그러므로 과감하게 새로운 시각을 제시해보겠다. 왜냐하면 문제의 핵심은 따로 있기 때문이다. 새로운 시각에서 바라보면 문제의 진짜 핵심을 찾을 수 있다. 바로 샤오리우는 마감일에 임박해서 결과물을 처리하려고 앞의 며칠은 꾸물댄다는 것이다.

다소 이상하게 들릴 수도 있다. 그러나 약간 황당하게 들리는 이 관점은 개인심리학의 창시자 알프레드 아들러의 가장 중요한 사상 가운데 하나인 목적론에서 비롯된다.

보통 우리는 한사람의 행위가 일의 결과를 결정한다고 생각한다. 예를 들어 샤오리우가 앞의 며칠을 꾸물대는 바람에 마지막 날에야 임무를 완성했다고 생각하는데, 목적론에서는 결과에 대한 기대가 우리의 행위를 결정한다고 말한다.

도대체 무슨 뜻인가? 결과물의 데드라인이 30일이기 때문에 샤오리우는 30일까지 미뤘다가 제출할 수 있다. 만일 데드라인이 20일이었다면 그는 20일에 미리 제출할 수도 있을 것이다. 뭔가 '미덥지 못해' 보이지만 사실 샤오리우의 머릿속에는 이미 계산이 다 있었다. 그는 데드라인 전에만 제출하면 된다는 것을 알았으며, 설령 며칠 늦는다 해도 별로 대수롭지 않은 일이라는 점을 이미 간파하고 있었던 것이다. 그는 '자기만의' 데드라인이 있기 때문에 잠재의식 속에서 모든 일에 대한 자신만의 일정표를 작성한다. 이러한 이유로 그는 '마지막 날 제출'이라는 결과를 향해서 그 앞의 며칠은 꾸물대는 것이다.

이런 상황은 우리 생활 속에서 아주 흔히 볼 수 있다. 몇 가지 예시를 더 들어보겠다. 내 친구 안디는 남편의 '습관적인 지각'에 불만이 많다. "우리 남편은 정말 너무해. 같이 쇼핑을 가든 친구 집에 식사하러 가든 영화를 보러 가든, 뭘 하든지 간에 꼭 10분 정도 늦는다니까. 그런 습관 고치라고 몇 번이나 말했는데도 소용이 없어"라며 불평을 늘어놓는다. 지난번에 해외여행 갈 때 혹시 비행기를 놓쳤느냐는 내 질문에 친구는 깜짝 놀라며 "아니. 그때는 일찌감치 공항에 도착했지"라고 대답했다.

친구의 남편은 비행기 시간은 잘 맞추면서 왜 아내와의 약속에는 늦는 걸까? 공항에서는 "10분 후 항공기 탑승을 마감하겠습니다"라고 방송이 나오기 때문이다. 이는 비행기는 그를 기다려주지 않지만, 아내는 기다려준다는 것을 의미한다.

우리는 일할 때 늑장 부리고 지각을 밥 먹듯이 하는 사람들은 시간 개념이 없고 신경을 안 쓴다고 생각한다. 그러나 그들은 늦어도 기다려주는 사람이 있고 데드라인이 아직 남았다는 점을 알기 때문에 지각하고 꾸물대는 것이다.

이렇게 생각하면 문제를 대하는 방식이 달라진다. 만일 한 사람의 행동을 바꾸고 싶다면 "왜 제시간에 나타나지 않는 거야?" "당신 어떻게 이럴 수가 있어?"라고 바로 말하기보다 '그 사람이 왜 그런 행동을 했을까?' '그 행동이 어떤 결과를 초래하는지 생각해 봤겠지?'라는 생각을 우선적으로 하게 된다. 그러고 나면 '결과에 대한 그의 기대를 바꿀 수는 없을까?' '결과에 대한 그의 기대를 바꿔야만 그의 행동이 바뀔 수 있다'라는 더욱 심층적인 사고로 이어질 수 있다. 결과에 대한 기대가 변해야만 상대방의 행동에도 변화가 생기기 때문이다. 이렇게 사고를 전환하는 과정에서 우리는 타인에게 영향을 끼치고 설득하는 능력을 갖추게 된다.

나는 근래 몇 년 동안 업무상 많은 유명 기업가들을 만나보았다. 그들은 매우 설득력이 있었으며, 어떤 일을 하든지 엄정한 규칙과 기율을 정해놓았다. 나는 그들을 통해 자신이 한 말을 책임지는 사람, 신뢰감을 주는 사람은 큰 목소리나 건방진 태도에 의존하는 게 아니라 상대의 기대심리를 매우 정확하게 바꿈으로써 상대방의 행동을 가뿐하게 변화시키는 능력이 있다는 사실을 발견했다. 그래서 나는 유명 기업가들의 실전 경험에 근거한 내용과 목적론의 이론을 결합하여 직장생활부터 일상생활에 이르는 네 가지 핵심 단계를 정리했다.

누구라도 혁신 따위
하지 않을 상황이라면

가장 핵심이 되는 단계로 바로 상대의 처지에서 그의 페인 포인트(pain point)를 찾아 기대심리를 정확하게 바꾸는 것이다. 그렇다면 결과에 대한 기대를 어떻게 바꿔야 하는가?

인사본부장인 내 친구 페이페이는 요즘 팀 분위기가 게을러졌으며 새로운 업무 개척에서 시종일관 돌파구를 마련하지 못한다는 느낌이 들었다. 브레인스토밍도 몇 차례 진행하고 회사 외부에서 전문 기획자를 초빙해 새로운 방법을 모색하기도 했지만, 막상 실행 단계에 접어들면 운영이사가 "어휴, 우리가 안 해본 게 아니에요. 정말 쉽지가 않습니다"라고 말해버린다.

이런 일이 한두 번이 아니었다. 페이페이는 "그들은 왜 그렇게 게을까? 사장이 돌파해라, 혁신해라, 벌써 몇 번이나 얘기했는데 말이야. 나는 인사 담당이라 이런 업무는 내 소관이 아니지만, 보는 내가 다 애가 탄다니까"라고 괴로움을 토로하면서,

내가 효과적인 상벌체계를 만들어주었으면 했다.

나는 다음과 같이 설명했다. 지금의 성과제는 실적과 연관되어 있다. 팀 전체의 이익 목표가 불변인 상황에서 직원들이 기존 업무에 의존해서 노력하면 목표의 70~80%는 완성할 수 있는데, 새로운 업무를 개척하려면 기존 업무를 진행할 때보다 훨씬 더 많은 시간과 에너지가 필요하다. 팀원은 이 결과를 보고 아주 자연스럽게 혁신을 피하는 것이다. 솔직히 혁신이 성공해도 팀원의 실적이나 팀 내의 지위는 실질적인 영향을 받지 않는다. 사장은 어떨까? 아마 생각나서 몇 마디 언급했을 뿐, 그것 때문에 팀원을 어떻게 할 리도 없다. 이것은 모두 '혁신하지 않기'에 대한 기대 결과이며, 이런 기대심리가 있다면 누구라도 혁신 따위 하지 않을 것이라고 말했다.

페이페이는 "그럼 너는 왜 끙끙대면서 신제품을 연구하는 거야?"라고 물었다. 나는 "이제 창업단계니까 기존 업무가 없잖아, 만일 신제품을 출시하지 않으면 그건 회사가 죽는 거나 다름없어. 이런 기대심리가 있는데 차선책이 있겠어?"라고 대답했다.

그러자 페이페이는 "내가 지금 할 일은 이 일을 추진하려면 어떤 시스템을 갖춰야 하는지를 현재 소속된 팀의 처지에서 알아내는 거겠네"라며 즉각적인 반응을 보였다. 팀원이 '혁신'을 하는 데서 가장 중요한 핵심은 바로 연봉과 사장의 관심이라는 사실을 깨달은 그녀는 목표가 뚜렷한 신제도를 재편했다.

설득의 핵심 기술 I:
상대의 처지에서 출발하라

기대심리를 바꾸는 방법을 간단한 일에 쓰면 효과가 더 뚜렷한 경우가 많다. 전에 읽은 징동(京東, 중국 온라인 유통업체 - 옮긴이)에 관한 책에 십 몇만 명의 직원을 어떻게 관리하는지 소개하는 내용이 있었다. 징동 입장에서 11만 블루칼라를 관리하는 데 '벌금' 방법을 사용하는 것은 적절하지 않았다. 왜냐하면 블루칼라 처지에서 100위안의 상벌은 작은 일이 아니기 때문이다. 돈에 아주 민감한 그들에게 벌금은 반감을 불러일으킬 수 있다.

그렇다면 어떻게 해야 할까? 징동은 매일 조회 때마다 전날 잘못을 저지른 직원은 사람들 앞에서 공연을 하게 했다. 대다수 배송기사가 내성적인 성격의 소유자였기 때문에 사람들 앞에서 공연을 한다는 것은 몹시 난감한 일이었다. 잘못을 하면 어떤 곤란한 상황이 벌어지는지 아주 잘 알기 때문에 이런 방식은 그들에게 더욱 효과적으로 작용했다.

만일 배송기사가 더 큰 잘못을 저질렀다면? 징동은 배송기사에게 500자 반성문을 작성하게 했다. 배송기사에게 반성문 작성은 매우 난처한 일이다. 만약 500자를 다 채우지 못하면 애만 태우다가 돈 버는 시간을 허비할 수도 있기 때문이다. 벌금과 비교할 때 상대적으로 '소프트'하기도 하고 분위기를 바로잡는 기능도 있었다. 진짜 반성문을 써야 하는 상황이 오면 결코 쉽지 않았기 때문에 직원들은 '긍정'적인 마음가짐으로 잘못을 저지르지 않으려고 했다.

생활에서도 마찬가지다. 처리하기 힘들 것 같은 많은 일들도 사실 이렇게 시각을 바꿔서 생각해볼 수 있다.

내 아들 샤오허타오는 만 두 살이 될 무렵 한동안 양치질을 엄청 싫어했다. 나는 온갖 방법을 동원했다. 양치질을 해야 하는 이유를 입이 닳도록 얘기했지만 소용없었다. 내가 쫓아다닐수록 아이는 더 빨리 도망갔다. 인터넷에서 양치질 동요도 찾아서 들려주었지만 사흘쯤 따라 하다가 이내 그만두었다.

'양치질' 따위에 진다는 것은 꿈에도 생각하지 못했다.

나는 너무 괴로웠다. 양치질을 해야 치아에 좋다는 것은 우리 모두 잘 아는 사실이다. 그러나 꼬맹이는 전혀 협조할 생각이 없었다. 뭐가 문제일까? 회의시간에 사례를 분석해보기도 했다. 팀원 중 어느 심리학자가 나에게 "그렇게 많은 방법을 생각하니까 아이가 재미있어하지 않던가요?"라고 물었다.

나는 의기소침한 목소리로 "네, 다 실패했어요. 이것저것 많이 시도해봤는데 아들은 듣지 않을 뿐만 아니라 더 신나게 괴롭히지 뭐예요…"라고 말하다가 문득 무언가 깨달았다.

이게 도대체 어찌 된 일일까? 이게 바로 문제의 핵심이었다! 나는 아이의 '기대심리'를 전혀 살피지 않았던 것이다. 그 무렵 나는 일이 하도 바빠서 퇴근해서도 컴퓨터와 휴대폰을 끼고 살았다. 아이는 그런 나를 잡아끌며 "엄마, 일 언제 끝나요?"라고 물었는데, 나는 고개도 들지 않은 채 몇 마디만 건성으로 대꾸해주었다. 그런 내가 유일하게 꼬박꼬박 아이에게 시간을 할애할 때가 있었는데, 바로 세수와 양치질을 시킬 때였다. 결과는 뻔했다.

목적론 시각에서 보면 아이는 양치질을 하지 않는 쪽으로 '향해' 가고 있었다. 양치질을 하지 않는 것에 대한 기대심리는 '이렇게 하면 엄마가 나랑 오랫동안 놀아줘'이다. 내가 더 많은 방법을 고안해서 아이를 쫓아다니고 설득하며 동요를 들려주던 행위가 오히려 아이가 계속해서 '양치질을 하지 않는' 행동을 고집하게 한 것은 아닐까?

나는 양치질 사건으로 느낀 바가 많았다. 또한 양치질 사건은 그 후 아이와 함께하는 많은 패턴에 큰 영향을 주었다.

그 일이 있기 전까지만 해도 아이 문제를 대할 때면 우선적으로 '양치질도 싫어하고, 밥도 잘 안 먹고, 잠도 잘 안 자는 이 버릇을 어쩌면 좋을까? 꼭 고쳐야 하는데'라는 반응을 보였다. 그러나 지금의 내 사고는 '아이 생각에는 양치질을 안 해도 괜찮은 것 같으니까 안 하겠지. 그런데 아이는 왜 양치질 안 하기 결과를 향해 가는 걸까?'로 바뀌었다.

두 경우를 비교해보면, 후자가 진정으로 상대방의 처지에서 문제를 바라보는 시각이다. 모든 관계는 상호적이기 때문에, 나는 세상은 반드시 내가 상상한 대로 움직여야 한다는 일방적인 생각을 버리게 되었다. 그러자 내가 지녔던 고집스러운 생각이 느슨해졌고, 아이가 어떤 일을 할 때마다 아이의 기대심리가 무엇인지 의식적으로 생각하게 되었다.

인식에 변화가 온 뒤 아이의 양치질 문제에 다시 직면했을 때 내 머릿속에는 여러 가지 방법이 떠올랐다. 예를 들면 "샤오허타오, 오늘 밤에 30분쯤 얘기할 시간이 있는데, 만일 네가 5분 안에 양치질이랑 세수를 마치면 나머지 25분은 얘기할 수 있어!" 이렇게 아이와 약속을 한다. 아이가 꾸물거리며 양치질하지 않으려고 했던 목적이 나랑 놀기 위해서였기 때문에 '이야기 시간'이라는 기대가 생기면 양치질은 더 이상 꾸물거릴 필요가 없는 일이 된다. 이런 이유로, 사람의 기대심리를 관리하는 것은 그 사람 자체에서 출발해야 한다.

- 지금의 행동이 달라지면 결과가 어떻게 달라질지 확실히 알게 한다.
- 상대가 진짜 신경 쓰는 것이 무엇인지 확실히 해야 한다.

설득의 핵심 기술 2 :
집행자를 명확히 하라

페인 포인트를 찾아내기만 하면 틀림없이 기대를 바꿀 수 있을까? 100퍼센트 그렇지는 않다. 맘셀프 회원들 중에는 남편이 집안일을 분담하지 않는다고 불평하는 사람들이 꽤 많다. 남편은 집에 오면 바로 소파에 드러누워 휴대폰을 본다. 아내가 휴대폰 좀 그만 들여다보라고 몇 번을 말해도 남편은 매번 건성으로 "알았어. 조금만 보면 돼. 금방 끝나!"라고 한다. 그러나 '금방'은 절대 금방이 아니라는 것을 우리는 잘 알고 있다. 남편은 여전히 꿈쩍도 안 하고, 아내는 쉬지 않고 말한다.

"도대체 어떻게 해야 남편이 바뀔까요?"라며 많은 아내들이 아우성을 친다. 그렇다면 목적론에 근거하여 남편의 처지에서 출발함으로써 그의 페인 포인트가 무엇인지 함께 생각해보자.

몇 가지 가설을 세워본다.

만일 아내가 남편에게 "당신 한가해 보이는데 설거지 좀 해줘"라고 말했다고 하자. 그러면 보던 휴대폰을 바로 내려놓고 "누가 그래? 나 하나도 한가하지 않아"라고 말하는 남편도 있을 것이다. 이런 남편한테는 집안일이 페인 포인트다. 만일 휴대폰을 보는 행위의 결과가 '아내 눈에는 내가 한가해 보이니까 집안일을 하게 된다'임을 알게 된다면 남편은 자연스레 휴대폰을 내려놓을 것이다.

상대방 처지에서 출발하여 남편의 기대심리를 바꿨더니 남편의 행동이 저절로 바뀌게 됐다. 보통 이 방법을 쓰면 대부분의 문제가 해결된다.

그러나 일부 아내들은 "그렇게 쉽게 먹힌다고요? 우리 남편은 엄청 캐릭터가 강해서 제가 으름장만 놓는다는 걸 잘 알아요. 그러니 설령 집안일을 안 한다 해도 남편을 어떻게 할 방법이 없네요"라고 말할 수도 있다.

이런 '뻔뻔한' 사람을 만나면 우리는 정말 아무런 방법이 없을까? 그렇지만은 않다. 예를 들어보자. 사장이 "출근시간에 지각하면 안 됩니다. 앞으로 지각한 사람은 벌금을 내야 합니다"라고 말했다면 지각한 직원들은 낄낄거리며 발뺌하고는 벌금을 내지 않으려 할 것이다. 그런데 만일 사장이 "누구든 지각하면 내가 월급에서 벌금을 공제하겠습니다"라고 말하면 결과는 달라진다. 이 두 문장의 다른 점은 무엇일까?

두 번째 문장에서는 사장이 '나'를 언급했다. 이 '나'가 바로 결과의 집행인이다. 그렇기 때문에 기대를 관리할 때 습득해야 하는 두 번째 기술은 집행인이 누구인지 반드시 명확하게 하는 것이다.

내 주변의 사례를 들어 다시 얘기해보자.

몇 년 전 어느 병원 복도에서 담배를 피워대는 환자 보호자들이 있었다. 병원 측은 이 문제를 해결하기 위해서 복도에 '금연'이라는 문구를 붙여놓았다. 효과가 어땠을지는 충분히 짐작할 수 있다.

그 후 병원 측에서는 두 번째로 "금연, 위반한 자는 벌금 200위안"이라고 써 붙였다. 어느 정도 효과를 보는 듯했지만, 자신은 들키지 않을 거라고 생각하는 사람들 때문에 고쳐지지가 않았다.

마지막으로 병원 측이 문구 뒤에 일곱 글자를 덧붙이자, 그 뒤로 복도에서 담배 피우는 사람은 거의 자취를 감췄다. 그 일곱 글자는 바로 "CCTV 촬영 중"이었다.

"CCTV 촬영 중"은 바로 집행인을 명확하게 한 것이다. 이는 누군가가 감독하고 있으며, 누군가가 이 결과를 집행한다는 것을 뜻한다. 즉 이제는 복도에서 담배를 피우면 결과를 발뺌할 수 없다는 사실에 '흡연'이 가져올 결과를 자발적으로 가늠해보게 된 것이다.

설득의 핵심 기술 3 :
확고한 태도를 유지하라

이 단계까지 왔는데도 새로운 난제를 준 친구가 있었다.

아내는 남편에게 만일 계속 휴대폰만 들여다보면 자신은 밥을 하지 않겠다고 말했다. 남편과 10분 정도 팽팽한 접전을 펼친 끝에 남편이 "어휴, 알았어. 알았다고. 나 잠깐 뭐 좀 할 테니까, 당신 먼저 밥 해"라며 대충 넘어가버렸다.

남편은 왜 계속해서 말을 듣지 않을까? 상대 기대심리 관리의 입장에서 생각해보자. 남편은 아내의 말을 믿지 않는다. '말은 저렇게 해도 진짜 밥을 안 하지는 않을 거야'라고 여긴다.

그러므로 우리가 숙지해야 하는 또 다른 법칙이 있다. 바로 확고함이다. 여기서 주의할 점은, 자꾸만 강조하는 것은 확고한 게 아니라 자기 말의 효과를 점차 약화시켜 더욱 신뢰하지 못하게 만든다는 것이다. 충분한 확고함이란 당신이 제시한 결과를 진짜로 이행할 수 있는 마음의 준비가 되어야 한다는 것을 뜻한다.

우리 스스로도 '내가 이렇게 극단적으로 해도 되나?' 하고 걱정스러울 때가 있기 때문이다. 상대방 역시 당신의 행동을 관찰하면서 당신의 마지노선이 어디인지 판단한 후에 자신의 기대심리를 재조정하게 된다. 만일 당신이 말만 하고 행동하지 않는다면 당신은 행동으로 남편의 행동을 묵인한 셈이다.

내 아들의 예를 들어보겠다. 친정 엄마는 밥 먹을 시간만 되면 꾸물대는 아이한테 "밥 먹으러 오지 않으면 오늘 밥 안 줄 거야"라고 말한다. 그러나 아이가 할머니 말을 듣고 바로 밥을 먹으러 오지 않더라도 나중에 아이가 식탁 앞으로 뛰어와 "아" 하고 입을 벌리면 할머니는 밥을 먹여준다. 이게 바로 행동으로 아이가 계속 꾸물거려도 된다고 묵인하는 것이다.

우리는 왜 확고하지 못할까? 이는 우리 마음이 서로 모순되기 때문이다. 친정 엄마가 설정한 결과는 '밥 먹으러 바로 오지 않으면 밥을 주지 않는다'이지만 본래 목적은 무엇인가? 바로 아이에게 밥을 먹이는 것이다. 설정한 결과와 목적이 서로 모순되기 때문에 설정자는 당연히 확고할 수 없게 된다. 결코 설정한 결과가 당신의 목적과 서로 모순되면 안 된다.

이는 간단해 보이지만 그냥 지나치기 쉬운 문제다. 연인 사이에서 여자가 "나랑 함께하지 않으면 너랑 헤어질 거야!"라고 말하는 경우를 예로 들어보자. 여자가 설정한 결과는 '헤어짐'이지만 목적은 분명 헤어지는 게 아니라 자신과 더 같이 있어달라는 것이다. 마음속 생각과 입으로 뱉은 말이 이렇게도 일치하지 않으니 여자가 '헤어짐'이라는 결과를 집행하리라고 어느 누가 믿겠는가! 그렇다면 어떻게 해야 좋을까?

다시 내 아들이 밥을 잘 먹지 않았던 이야기로 돌아가보자. 하루는 친정 엄마가 아이에게 "착하지! 밥 잘 먹으면 할머니가 네 키만큼 큰 레고 사줄게"라고 달랬다. 그러자 아이는 이 말을 듣고 아주 좋아서 바로 얌전히 밥을 먹었다.

나는 이 얘기를 듣고 아이에게 아이 키만큼 큰 레고를 사주었다. 친정 엄마는 이해할 수 없다는 듯 "아이 달래려고 한 말인데, 이렇게 비싼 장난감을 왜 진짜 사주는 거냐?"라고 했다.

만약 당신이 결과를 현실화하지 않는다면 아이의 기대심리는 '말 안 들을 거야. 어차피 말만 하고 책임도 지지 않을 테니까'로 바뀐다. 아이는 이 결과의 현실화를 통해 '엄마는 다음번에도 약속을 꼭 지키겠지'라고 굳게 믿게 된다.

다시 남편이 휴대폰을 보는 사례로 돌아가자. 사실 아내는 그렇게 잔소리를 많이 할 필요가 없다. 해야 할 일은 아주 간단하다. "10분 뒤에 밖으로 나가서 밥 먹을 거야"라고 말하기만 하면 된다. 말이 끝나면 바로 옷을 갈아입고 정시에 문을 나서면 그것으로 충분하다.

당신이 한 사람의 행동을 확실히 바꾸고 싶다면, 당신이 말한 것은 반드시 실행에 옮긴다는 것을 상대가 믿게끔 해야 한다. 말보다 즉각적인 행동이 더 뛰어난 효과를 거두는 법이다!

설득의 핵심 기술 4 :
생각하지 못한 패를 내라

앞에서 기대심리를 바꿈으로써 상대방의 행동에 영향을 끼치는 방법을 살펴봤으며, 대부분 파악이 끝났다. 개중에는 "우리는 결혼한 지 오래된 부부라 남편은 나를 아주 잘 알아요. 가장 힘든 끝판왕이라고 볼 수 있죠. 위에서 말한 세 가지 방법에는 이미 면역이 되어버렸어요"라고 말하는 사람도 있을 것이다.

이때 또 활용할 수 있는 방법으로 변수 바꾸기가 있다. 다시 말해 상대가 생각하지 못한 패를 내서 일을 기존과는 다른 방향으로 흐르게 하는 것이다.

예를 들어보자. 직장에서 회의는 아주 큰 난제다. 회의 현장에는 고개 숙여 휴대폰 보는 사람, 컴퓨터 보는 사람, 펜으로 장난하는 사람, 흐리멍덩하게 프로젝터를 쳐다보는 사람 등 여러 부류가 있다. 회의 개최자가 "각자 자기 생각을 발표해봅시다"라고 말하면 다들 몸을 똑바로 세우지만 고개를 더 깊이 숙이는 사람도 있다. 회의장 분위기는 무겁게 가라앉고, 모두 침묵을 지키지만 마음속으로는 다들 연기를 펼치는 중이다.

직원들은 사장의 수법을 이미 정확히 파악하고 동료들의 속내도 잘 알기 때문에, 회의를 어떻게 진행하고 어떻게 참여하며 어떻게 대응해야 하는지 마음속으로 정해둔 기대가 있다. 만일 회의에 참석한 모든 사람이 적극적으로 몰입하기를 원한다면 사장은 고유의 패턴을 깨부수어야 한다. 예를 들어 교대 발언으로 모두를 참여시키는 것이다. 의제에 대해서 돌아가며 발언하는데, 모든 사람이 자신의 생각을 말하거나 팀별로 토론하여 발언하게 한다. 3~5명이 한 팀을 이루어 10분간 토론한 뒤 팀원은 교체하고 팀장은 그대로 남아서 새로운 팀원이 오기를 기다렸다가, 다시 10분간 토론한 뒤 의견을 모아 팀장이 토론 결과를 공유하는 방법 등이 있다. 변수가 바뀌면 회의 참석자들은 이번 회의가 약간 달라졌다는 생각에 새로운 규칙을 모색할 수밖에 없다. '만일 내가 이렇게 하면 어떨까? 만일 이렇게 안 하면 또 어떨까?' 이렇듯 고정된 기대에 변화가 생긴다.

이 밖에도 변수를 바꾸는 방법은 다양하다. 회의 환경, 시간, 형식 등이 모두 회의의 변수다. 변수 바꾸기에서 출발하면 우리는 더욱 효율적인 회의 방법을 발견하게 된다. 예를 들면 일어나서 회의하기 방법이 있는데, 이는 앉아서 회의하는 방식을 서서 회의하는 방식으로 바꾸는 것이다. 또 식당이나 탕비실에서 오찬 회의를 진행하는 방법도 있다. 팀 관리 서적들 중에 회의 방식을 다룬 내용이 많으니 '회의 참석자들의 기대심리 바꾸기' 방법들을 시도해봐도 좋을 것이다.

생활 문제로 돌아와보자. 결혼한 지 오래된 부부라면 서로의 기대심리가 고정적이기 때문에 나쁜 습관을 아무리 여러 번 지적한다 해도 상대방은 바꾸지 않는다. 이럴 때 바로 변수 바꾸기를 해보자. 예를 들어 당신은 배우자가 집안일을 많이 하기를 원하지만 늘 부부 두 사람 간의 문제만 얘기하면서 일방적으로 "당신은 항상 일하느라 바쁘지. 그런데 이 집이 나 혼자만 사는 집이야?"라고 상대방을 질책한다. 여기에 새로운 변수를 하나 추가한다면 어떨까?

"요즘 애 성적이 별로라 내가 좀 가르치고 싶은데 잘 안 되네."

"아들이 수영을 배우고 싶어 하는데 아들을 데리고 여자 탈의실에 갈 순 없잖아. 당신이 좀 수고하는 수밖에 없겠어."

"애가 요즘 기분이 안 좋아 보이는데 나한테는 이유를 말하지 않아서, 애를 어떻게 대해야 할지 모르겠어."

이렇게 아이라는 변수를 추가함으로써 부부간의 관계 패턴을 조정해보는 것이다.

사실 변수는 아주 여러 가지이며 사람에게만 국한된 것도 아니다. 예컨대 상대방이 부부관계를 중시하기를 바란다면 "요즘 몸 상태도 별로 좋지 않은 것 같아. 의사가 많은 보살핌이 필요하대"라며 건강상태라는 변수를 추가해보자. 상대방은 당신을 챙겨주지 않으면 어떤 결과가 발생할지 다시 판단하게 된다.

우리의 행동을 결정하는
가장 중요한 요소

　　앞에서 언급한, 거의 미치기 일보 직전인 인사본부장이 직면한 문제를 아직 기억하는가? 그녀는 사고 패턴을 바꾸었다. 팀에서 출발하여 내가 제시한 '명확한 집행인, 굳은 의지, 변수 변환' 제안을 결합해서 새로운 회사 제도를 만들었다.

1. 핵심 업무 책임자 실적의 40%를 혁신으로 발생한 이윤과 직접 연계한다. (기존 업무만 완료하면 기존 실적의 60%만 받을 수 있다는 것을 의미한다.)

2. 총 이윤을 완수한다는 전제 아래 혁신 업무를 통해 발생한 실적은 기존 업무로 발생한 실적보다 2배 높게 책정한다. (1과 결합되는 내용으로, 이 조항은 실적 차원으로 혁신을 지원하며 예전보다 폭이 훨씬 크다.)

3. 기존 운영본부장의 기본급을 20% 상향조정한다. 단, 운영

본부장직은 경쟁 선발제 방식으로 선발할 것이며, 선발 조건은 기존 업무의 안정적인 성장과 혁신 업무의 개척을 포함한다. (혁신과 팀 지위의 관계를 제도적으로 보장한다는 것을 뜻한다.)

4. 사장은 분기별로 '혁신 업무 토론회'에 참석하여 각 사업부별 해당 분기 혁신 업무의 진전 사항을 보고받아야 한다. (회사가 혁신 업무를 중요시한다는 점을 보여준다.)

개혁 효과는 확실했고, 새로운 제도 덕분에 팀의 혁신 적극성이 많이 향상되었다.

목적론을 보기 전에는 문제를 고려하는 패턴이 인과 순서를 따르기 때문에, 원인이 먼저 있고 그다음에 결과가 있다고 생각했다. 그러나 이제 우리는 결과에 대한 기대가 우리의 행동을 결정한다는 새로운 차원의 문제 접근법을 알게 되었다. 왜 지각하는가? '상대방이 기다려준다는 것을 알기 때문에 지각한다.' 이렇게 원인과 결과가 바뀌는 방식은 일반적인 인과 논리를 뒤집었으며, 우리가 설득력을 높이고 다른 사람의 행동에 영향을 끼치기 위해서 가장 필요한 것은 결과에 대한 상대의 기대심리를 바꾸는 것이라는 가르침을 주었다. 만일 상대의 기대심리를 바꾸기가 순조롭지 않다면 명확한 집행인, 확고한 의지, 변수 변환 등의 방법을 시도해보라.

1. 만일 당신 주변에 일을 잘 미루는 동료가 항상 마지막 날에야 임무를 끝낸다면, 어떤 방법을 통해 그 사람의 미루는 버릇을 고치도록 설득할 수 있을까?

2. 생활하면서 설득할 수 없는 사람이 있었는가? 그렇다면 지금은 설득할 수 있는 새로운 방법이 생겼는가?

행동 관리

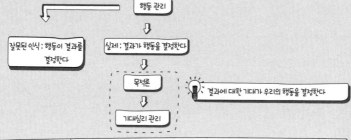

I. 상대방에서 출발	상대방에게 지금 행동이 달라지면 결과적으로 어떤 차이가 있을지 확실히 알게 하라
	상대가 결과상의 차이에 진짜로 신경을 쓰는지를 확실하게 한다
2. 집행인 명확히 하기	예 : 출근 시간에 지각한 사람은 벌금 내기
	변경 후 : 지각한 사람은 내가 월급에서 벌금을 공제함
3. 확고한 의지	설정한 결과가 목적과 모순이 되면 안 됨
4. 변수 변환	새로운 변수 추가 : 예를 들어 아이 문제, 나빠진 건강상태, 회의 형식의 변화

응용 사례

◆ 사례1 : 남자 친구는 왜 데이트할 때마다 늦을까?

◆ 사례2 : 동료는 왜 항상 일을 미룰까?

◆ 사례3 : 집에 오면 휴대폰만 보는 남편, 집안일 좀 할 수는 없을까?

◆ 사례4 : 사장이 몇 번이나 말해도 늘 지각하는 직원, 어떻게 해야 할까?

◆ 사례5 : 결혼생활을 오래 한 부부는 권태기를 어떻게 극복해야 할까?

3장

더 이상 그들이
당신을 함부로 하게
내버려두면 안 된다

- 권력 관리

사회심리학의 아버지라 불리는 쿠르트 레빈(Kurt Lewin)은 '집단 역학'에 관한 연구에서 모든 권력은 상호작용성에서 생기며 사람 간의 관계에서 받는 것이라고 말한 바 있다.

여기서 말하는 '권력'의 소유자는 우리 생활 속 언제 어디에서나 존재하는 개념으로, 직장 상사나 친구, 권위자 등 자신에게 영향을 끼칠 수 있는 모두를 포함한다. 무릇 한 사람이 다른 사람에게 영향을 끼치는 모든 능력이 '권력'의 개념에 포함되며, 영향력·설득력·리더십·장악력·신뢰도·카리스마 등도 확장된 표현이다.

일반인은 어떤 권력을 쥐고 있을까? 인간관계에서 주로 어떻게 전파될까? 우리는 무엇을 할 수 있을까?

권력의 존재를 의식하고 손에 쥔 권력을 잘 이용할 수 있다면 언제든 주도권을 장악하고 능동성을 향상할 수 있다.

그들은 당신에게
상처를 줄 권리가 없다

권력 위임과 그 열쇠

생활 속에서 우리는 종종 여러 가지 괴로움을 겪는다.

"저런 최악의 사장을 만나다니, 나는 정말 운이 지지리도 없어. 생트집도 생트집이지만 정말 너무 부당해.""직장 그만두고 집에서 애나 보니까 경제력도 없고, 날마다 남편 눈치나 살피는 신세야.""너무 까다로운 고객 때문에 매일 애먹어.""내 아내는 정말 막무가내야. 이렇게 괴짜인 사람은 처음 봤어. 이제 더는 못 참겠어….""

사람들이 이런 말을 할 때마다 나는 "정말 최악이네요. 그런데 당신은 왜 그런 최악의 사람이 당신한테 그렇게 하도록 놔두시나요?"라고 묻는다. 이 질문을 들으면 대다수 사람들은 "내가 뭘 어쩌겠어요. 그들은 권력이 있는데, 달리 방법이 있나요?"라고 반문한다.

이것이 일반적인 인식이다. 우리는 권력이 다른 사람을 지배하고 영향을 끼치는 데 쓰이며, 위에서 아래로 오는 것이라고 생각해왔다. 이를테면 대신의 권력은 국왕이 준 것이고, 직원의 권력은 사장이 준 것이다. 그는 리더, 권위자, 전문가이고 나보다 지위가 높기 때문에 자연스레 나를 지배하고 영향력을 행사하는 힘이 있다. 그는 위에 있고 나는 아래에 있으며, 나는 약한 쪽이기 때문에 그에게 관리받는 것은 당연하다. 어느 날 나도 높은 지위에 올라서 나만의 권력 지팡이가 생기면 권력을 쥘 수 있겠지만, 그렇지 않고서야 참고 복종하는 수밖에 없다. 정말 그런가?

당신은 자신에게 아무런 방법도, 권력도 없다고 생각하지만 사실 당신은 언제 어디서나 권력을 가진 힘 있는 사람이다. 그들이 당신을 불편하게 만들 수 있는 이유는 단 하나, 바로 당신이 그들을 허락했기 때문이다. 당신 스스로가 자신을 불편하게 하는 권력을 다른 사람에게 주었기 때문이다.

이해하기 어려운가? 아래의 전형적인 사례를 통해 살펴보도록 하자. 얼마 전 인기리에 방영된 드라마 〈인민의 이름으로〉에서 주인공 호우량핑은 '윗선'에 의해 한동성 부패척결국 국장으로 위임된 사람이었다. 성 위원회 서기와 검찰청장을 만났고 상급의 승인이나 위임 수속도 빠짐없이 준비됐기 때문에 부하 직원을 관리할 권력을 갖춘 듯 보였다. 그러나 부패척결국 직원들에게 소개됐을 때 어느 누구에게도 인정받지 못했기 때문에 그는 아무에게도 일을 시킬 수 없었다. 상부에서 내려온 직함이며 서류도 그가 자기 뜻대로 직원들에게 일을 시킬 때는 무용지물이었다. 그러던 그가 나중에는 오로지 자신의 능력만으로 사람들에게 인정받았으며, 모두들 기꺼이 그에게 협조했다.

그렇다. 그의 권력은 그의 부하 직원이 준 것이다.

이런 시각에서 볼 때 진정한 권력은 아래에서 위로 주는 것이며, 진정한 권력의 소유자 또한 이끌리고 영향을 받는 것처럼 보이는 사람들이다. 당신이 나를 이끌 수 있는 이유는 내가 당신이 나를 이끌도록 허락했기 때문이고, 당신이 나에게 영향을 끼칠 수 있는 이유 역시 내가 당신의 영향을 받았기 때문이며, 당신이 나를 업신여기는 이유는 내가 당신의 업신여김을 참았기 때문이다.

처음부터 끝까지 '내'가 '당신'에게 권력을 준 것이며, 이것이 바로 '권력 위임'이다. 권력 위임은 일상에서 쉽게 볼 수 있다. 밥을 먹으러 여럿이 함께 식당에 갔다. 만약 그 많은 사람이 저마다 다른 메뉴를 주문하면 반나절이 지나도록 다 주문하지 못할 수도 있기 때문에, 가장 좋은 방법은 한 사람을 뽑아 그 사람이 주문하게 하는 것이다. 이때 모든 사람은 주문하는 권력을 그 사람에게 주게 된다. 그에게 특권이 있는 것처럼 보이지만, 이 권력은 나를 포함한 모두가 그에게 준 것이며, 그가 우리보다 우위에 있는 것이 아니라는 점을 잘 안다.

같은 이치에서 생각해보자. 당신이 회사에 입사하면 사장이 생기고 그 사장이 당신에게 명령을 내리기 때문에 그가 권력을 가진 듯 보이지만, 사실 이 권력은 당신이 그에게 준 것이며 결코 그가 당신보다 위에 있지 않다. 우리가 마음에 드는 회사를 고르는 까닭은 그 일을 통해 자아를 실현하기 위해서다. 이런 시각에서 볼 때 당신은 자신이 사장의 일을 돕는 중이라고 할 수도 있고, 사장이 내 일을 돕는 중이라고도 할 수 있다.

나는 이해를 돕기 위해 권력을 종종 '열쇠'에 비유해 형상화한다. 우리 모두는 이 세상에 자신만의 '방'을 갖고 있으며 그 방에 들어가는 '열쇠'를 쥐고 있다. 그것이 바로 우리의 권력이다. '권력 위임'은 바로 자신의 이 '열쇠'를 다른 사람에게 주어 그가 내 '방'에 들어올 수 있게 하는 것이다. 열쇠를 주는 목적은 상대방이 우리 일을 돕게 하고 협력하기 위해서다. 그러나 많은 사람들이 자기 손에 있는 열쇠를 알아차리는 데 어려움을 겪으며, 이 열쇠를 상대방에게 줬다는 사실조차 깨닫지 못한다.

우리는 최악의 사장, 인상 쓰는 남편, 막무가내인 아내, 까다로운 고객에 대해서 "뭘 믿고 저러는 거야?"라며 불평한다. 그러나 사실 그들이 '믿는 구석'은 바로 우리가 어리바리하게 그들에게 내준 '열쇠'다. 그렇기 때문에 주도성을 되찾고 더욱 강인한 내가 되기 위해서는 먼저 이 '열쇠'의 존재를 깨닫고 융통성 있게 사용할 줄 알아야 한다.

권력을 넘겨주게 만드는
세 가지 함정

자신이 권력을 쥐고 있다는 사실을 깨달았으면서도 어떻게 '열쇠'를 어리바리하게 다른 사람에게 넘기는 것일까? 여기에 흔히 볼 수 있는 세 가지 '함정'이 있다.

첫 번째 예는 언어 함정이다. 내 친구 모모는 한동안 아이가 말을 듣지 않아서 고민이 많았다. 그러던 어느 날 나는 모모의 초대를 받아 그 집을 방문해서 모모가 아이와 어떻게 지내는지 직접 보게 되었다. 모모는 상냥한 엄마였다. 아이에게 "요 녀석! 여기 지저분한 것 좀 봐. 장난감 좀 정리하면 어떨까?"라고 부드럽게 말했으며 무슨 일이든 아이와 상의했다. 하지만 아이의 대답은 "싫어"였다.

나도 전에는 내 아들에게 그렇게 말했다. "지금 양치질하러 갈 수 있을까?"라고 물으면 아들은 "아니"라고 대답했다. 하루는 건널목에서 신호를 기다리는데, 아들이 빨간불인데도 앞으로 뛰어나가기에 큰 소리로 "위험해! 거기 서!"라고 소리쳤다. 내 말투와 어조에 겁먹은 듯한 아이는 바로 발걸음을 멈추고는 꼼짝 않고 나를 쳐다보았다. 그 사건 이후 '아주 긴급한' 상황에서는 한마디로 아이를 제압하고 반박 불가 상태로 만들어버리는 방법이 있다는 것을 알았다.

"어떨까?" "안 될까?"처럼 선택의 여지가 있는 의문문은 "싫어"나 "안 돼" "못해" 같은 말을 아이의 입가로 보내서 아이에게 당신을 거절할 권력을 주는 것과 같다. "장난감 정리하고 와서 밥 먹어라" 이렇게 말하면 거절당할 확률이 매우 적다.

내가 이 생각을 말하자 모모는 "아이에게 그렇게 강하게 말하는 게 진짜 좋을까?"라며 약간 머뭇거렸다. 핵심을 건드리는 질문이다. 우리가 이런저런 상황에서 '말 들을 필요 없다' 열쇠를 종종 아이에게 주는 것에는 어떤 목적이 담겨 있다. 바로 아이에게 더 큰 자유를 주거나 자신이 더욱 깨어 있는 부모가 되고 싶기 때문일 것이다. 그러나 우리는 이러한 '목적'을 깨닫지 못한 채 장난이 심하다거나 무분별하다며 아이만의 문제로 단정 짓곤 한다. 과연 아이 탓만 할 수 있을까?

이것이 바로 언어 주도권 함정이다. 우리는 사람들과 교류하는 과정에서 적절하지 못한 표현 때문에 자신도 모르는 사이에 너무나 쉽게 '열쇠'를 상대방에게 주고 만다.

우리는 아무 말 하지 않거나 말로는 내 '방'에 들어오지 말라고 하지만, 행동으로는 손을 뻗어 상대방에게 '열쇠'를 전달했다는 사실을 깨닫지 못할 때가 있다.

직장에서도 이와 비슷한 사례가 있다. 내가 막 부서 팀장으로 승진했을 때 팀원이 10명 남짓한 소규모 팀을 맡게 되었다. 팀원들은 모두 젊고 경험이 없었다. 프로젝트 기획안을 만들 경우, 나 혼자서 한 시간이면 될 일을 신입에게 시키면 교육하는 데만 두세 시간이 걸렸다. '차라리 나 혼자 하는 편이 더 효율적일 거야'라고 생각했다. 처음에는 "응, 괜찮네. 일단 거기 둬"라고 말하고는 내가 다시 했다. 그 결과 어떻게 됐을까? 일은 점점 쌓여가고, 나는 점점 피곤해졌으며, 팀원들에게 착취당한다는 느낌이 들었다.

한번은 어느 기업인을 만난 자리에서 그 무렵의 괴로움을 토로했다. 이에 기업가는 아주 진지하게 "당신은 팀원들이 진짜 당신을 도울 수 있다고 생각하지 않는 것 같은데요"라고 말했다.

"네?" 나는 갈피를 잡을 수 없었다. "내 말은, 당신이 그들의 성장을 그다지 바라지 않는다는 뜻이에요."

나는 순간 그 말의 의미를 이해했다. 팀이 별로여서 내가 착취당하는 것처럼 보이지만, 사실은 내가 '나를 착취하는' 권력을 동료들에게 손수 건네준 것일 수 있다. 관리자의 중요한 직무는 바로 '팀을 키우고 인재의 성장을 돕는 것'이다. 내 업무 또한 동료를 지도하고 그들이 성장할 수 있도록 돕는 것일 텐데, 오히려 나는 계속된 월권행위를 통해 팀원의 업무를 대신 끝내고는 그들이 성장하지 않는다고 불평했던 것이다.

이것이야말로 행동 면에서 나를 착취하는 '열쇠'를 건네준 것 아니겠는가? 심리적인 함정은 언어나 행동의 함정보다 더욱 겉으로 드러나지 않는다. 말로 표현하지도 않고 행동으로 보여주지도 않지만, 마음속으로 소리 없이 다른 사람에게 권력을 주고도 자신은 전혀 의식하지 못하기도 한다.

나는 전 회사에서 이런 일을 겪었다. 동료인 메이즈는 한때 일을 하면서 몹시 불쾌해했다. 같은 부서 쟈쟈가 늘 그녀를 '노리고' 있었기 때문이다. 둘은 줄곧 사이가 나빴는데, 최근에 프로젝트를 같이 진행하면서 갈등이 불거졌다.

"어휴, 저 우쭐대는 꼴 좀 봐. 회의시간에 내 기획안이 별로라느니 내가 고객 협상 능력이 떨어진다느니 그런 소리를 하더라고. 진짜 짜증 나 미치겠어. 나 급한 기획안이 있는데 얼른 좀 살펴봐줘."

그녀의 기획안을 훑어보니 몇 군데 논리적 허점이 눈에 띄었다. 내 의견과 설명을 다 들은 그녀는 고개를 끄덕이며 "그렇게 얘기하니까 이제 이해되네. 정말 대단해"라며 감탄했다. 사실 내가 지적한 문제들은 전에 쟈쟈도 언급한 적이 있는데, 메이즈는 쟈쟈가 자신을 괴롭히기 위해 지적한다고 생각했다.

같은 기획안일지라도 나랑은 사이가 좋으니까 내 제안은 쉽게 받아들이지만, 쟈쟈가 제안하면 일단 짜증부터 나고 더 이상 회사생활을 버틸 수 없다는 생각까지 든다고 한다. 왜 그럴까? 메이즈는 자신을 화나게 하는 '열쇠'를 쟈쟈에게 주고서는 깨달지 못한 채, 오히려 상대방이 자신을 조준한다고 생각하고 있다. 이러한 심리 차원의 권력 위임은 일반적인 상황에서는 보이지도 않고 만질 수도 없기 때문에 가장 잡아내기 어렵다.

이는 친한 사이에서 더 잘 나타난다. 친한 사람일수록 감정이 쉽게 영향을 받기 때문이다. 만약 당신이 막 헤어진 연인 때문에 고통스러워하는 중에 전 남자 친구의 SNS를 보거나 친구에게서 그의 소식을 들으면 온종일 마음이 괴롭다.

그러나 당신은 의식하고 마음 아파하는 '열쇠'를 당신 스스로 상대에게 주었고 그 사람이 당신의 마음속을 휘젓고 다니는 것을 허락했다는 사실을 깨닫지 못한다. '열쇠'를 회수하지 않으려는 것도 어쩌면 그를 되찾고 싶거나 그 감정을 기념하고 싶어서일 수 있다. 어쨌든 그 열쇠는 당신이 준 것이다.

못 믿겠는가? 시간이 흘러 당신이 새로운 사랑의 감정으로 행복한 나날을 보낼 때쯤 우연히 전 남자 친구가 새 연인과 함께 있는 모습을 보게 되었다고 가정해보자. 아마 당신은 별다른 느낌이 없을 것이다. 이는 당신이 그 사람을 내려놓아 '열쇠'를 되찾고 마음의 문을 닫았기 때문이다.

그렇기 때문에 아무런 힘이 없을 때 자신의 권력을 볼 수 있다면 우리는 더 이상 애꿎은 토끼도 힘없는 동네북도 아니며, 그가 그렇게 할 수 있는 것은 내가 그에게 '열쇠'를 주었기 때문이라는 사실을 알게 될 것이다. 바꿔 말하면, 나에게는 그에게 '열쇠'를 주지 않을 선택권이 있다.

보고 표현하고 행동하라,
그러면 권력의 주인이 될 것이다

'열쇠'가 어떻게 내 손에서 빠져나가는지를 알면 방법을 찾을 수 있다. 바로 손에 쥔 '열쇠'를 잘 관리하는 것이다. 앞에서 언급한 함정과 대응하는 권력 관리의 세 가지 열쇠는 보고, 표현하고, 행동하는 것이다.

보라 : '열쇠'를 쥐고 있다는 사실 인식하기

첫 번째이자 가장 중요한 부분은 '보기'다. 당신은 우선 자기 손에 이 '열쇠'가 있다는 사실을 알아야 하며, 이것이 가장 중요한 핵심이다.

다음은 가장 간단한 보기 사례다. 당신은 지금 《회사는 싫지만 회사 생활은 잘하고 싶어》라는 책을 읽게 됐으며, 다 읽은 뒤에는 독서를 통해서 얻은 깨우침으로 자신의 생활을 바꾼다. 표면적으로는 내가 경영학 관련 경력이 있고 심리학 이론을 알기 때문에 당신에게 영향을 주었지만, 근본적으로는 당신이 '당신에게 영향을 주는' 열쇠를 내 손에 전해준 것이다. 이렇듯 '인생의 본질은 주도적인 것'이며 권력은 언제 어디서건 당신 손안에 있다.

그러나 많은 사람들은 "나에게 권력이 있다는 것은 알지만 구체적인 상황에서는 그 사실을 까맣게 잊어버려요. 이 '열쇠'의 존재를 각인시킬 수 있는 방법은 없을까요?"라고 얘기한다.

'열쇠'가 어디에 있는지 잘 보기 위해서 나만의 권력 위임 리스트를 만들어보는 것도 좋은 방법이다.

What's wrong(어떤 문제)	지금 나는 어떤 문제에 부딪쳤나
What(무엇)	나는 어떤 권력을 주었나
Who(누가)	나는 누구에게 권력을 주었나
How(어떻게)	어떻게 : 권력을 주었나
Why(왜)	왜 권력을 주려고 하는가

이것이 바로 온전한 권력 위임 리스트다. '5W 양식'이라고 일컬을 수도 있다. 앞에서 얘기한 '말 안 듣는 아이' 사례를 권력 위임 리스트에 적용하면 다음과 같다.

What's wrong(어떤 문제)	아이가 내 말을 안 듣는다
What(무엇)	나는 '나를 거부할' 권력을 주었다
Who(누가)	내가 아이에게 권력을 주었다
How(어떻게)	선택의 여지가 있는 의문문을 사용했다
Why(왜)	아이에게 선택의 여지를 줌으로써 깨어 있는 부모가 되고 싶다

이렇듯 해결할 수 없을 것 같은 괴로움에 직면했을 때 권력 위임 리스트를 만들면 자신의 '열쇠'를 확실히 볼 수 있다.

흥미로운 사실은, 일상생활 속에서 이 '열쇠'를 보면 문제를 바라보는 시각이 바뀌고 매우 융통성 있게 권력을 관리할 수 있게 된다는 것이다. 아이가 말을 듣지 않는 상황을 종합적으로 판단해본 결과, 자신은 아이의 자립성을 지켜주고자 한다는 점을 깨달았으며 현 상태를 유지할 수도 있다. 그렇지만 더 이상 아이가 말을 안 듣는다고 불평하지는 않을 것이다. 왜냐하면 당신이 자발적으로 '열쇠'를 주었기 때문이다.

그러나 업무에서는 자신의 열쇠를 꽉 붙들고 쉽게 주지 말 것을 제안한다. 그러지 않으면 득보다 실이 많아지기 때문이다.

회사에 막 입사했을 때 나도 이런 실수를 저지른 적이 있다. 프로젝트 토론을 할 때였다. 나는 팀장의 의견에 찬성하지는 않았지만 어쨌든 팀장이 책임질 테니까 얌전히 듣고만 있으면 된다고 생각했다. 그 후 프로젝트는 실패했는데, 원인 분석 시간에

"그렇게 하면 안 될 것 같긴 했는데…"라고 말했다가 뭇매를 맞았다. 사장은 "얼른 얘기 안 하고 뭐 했어?"라며 화를 냈고, 동료들은 내가 뒷북을 친다고 생각했다.

처음에는 '당신이 사장이니까 어차피 당신 마음대로 할 거잖아?'라며 억울한 생각이 들었지만, 나중에 팀장과 대화하면서 생각이 조금 바뀌었다. 하루는 팀장이 나를 불러 직장에서는 모든 직원이 회사의 구성원이며, 내가 한 모든 행동이 회사의 향방을 결정짓는다고 말했다. "회사 상황이 나빠지면 당신한테도 영향이 가지 않겠어?"

그 후 직장에서는 실로 많은 사람들이 '침묵의 똑똑이' 연기를 하고 있다는 사실을 알았다. 분명 아이디어가 풍부한데도 회의시간이 되면 뒷줄에 숨어서 '어찌 됐든 권력을 가진 사람들이 결정할 테니까' '내가 말한들 무슨 소용이 있겠어'라는 생각으로 침묵을 지키며 결정에 참여할 권력을 쉽게 줘버린다.

만일 그때 권한 부여 리스트를 통해 분석했더라면 나는 발언을 포기하는 행위를 통해 프로젝트에 관한 결정권을 팀장에게 주었고, 책임을 지지 않는 것이 내 목적이었지만 결과적으로는 프로젝트 실패라는 손실을 감당해야 했으며, 사장의 질책을 들었다는 사실을 알았을 것이다. 그렇기 때문에 일에서 '표현'은 바로 권력을 행사하는 것이다. 자신의 생각과 의견을 표현하는 것은 다른 사람에게 나는 권력이 있는 사람이라고 말하는 것과 같다.

표현하라 : 자신의 '열쇠' 꽉 잡기

페이스북 최고운영책임자인 셰릴 샌드버그(Sheryl Sandberg)는 자신의 저서 《린 인(Lean In)》을 통해 직장 내에서 여성은 특수한 어려움에 직면하는 경우가 많다는 내용을 몇 차례나 언급했다. 그녀는 페이스북에 입사한 뒤 6개월 동안 업무 강도가 너무 높아서 더 이상 예전처럼 아이와 함께할 수 없었다. 이 때문에 몹시 괴로워한 그녀는 이렇게 가다가는 이직밖에 답이 없을 것 같다는 생각이 들었다. 하루는 같은 어려움을 겪는 여성들과 이 문제를 놓고 이야기하면서 상사와 이 문제를 상의해본 적이 있는지 물었더니, 대부분 "아뇨! 저는 못 해요!"라는 대답이 돌아왔다. 일단 말을 꺼내면 징계나 해고를 당할 거라고 생각했기 때문이다.

그러나 샌드버그의 생각은 달랐다. 회사를 위해서 최선을 다해 일하고 싶지만 일할 때 가정을 위한 시간도 남겨두기를 원했다. 회사에 가정을 위한 시간 보장을 요구할 권리가 있다고 믿은 그녀는 사장과 이 일에 대해서 이야기를 나누었고, 뜻밖에도 승인을 얻어냈다. 그 후 그녀는 매일 5시 30분에 집으로 와서 아이와 함께 저녁식사를 하고 다시 일터로 돌아갔다. 월요일 저녁마다 진행하는 회의 때는 아이를 회사에 데려갈 수도 있었다. 공개적인 표현으로 샌드버그가 자신의 권력을 되찾을 수 있었다는 것이 증명된 대목이다.

이처럼 손안의 권력을 잘 관리하는 두 번째 '열쇠'는 바로 표현하기다. 권한 위임으로 인한 괴로움 중에서 가장 흔한 상황은 표현의 적절한 타이밍을 놓치는 것이다.

대학시절 알게 된 타오양은 영민하고 호감 가는 스타일이었다. 우리는 짧은 시간에 친한 친구가 됐으며, 그 우정은 10년 동안 이어졌다. 그런데 몇 년 전 나는 이 친구를 거의 잃을 뻔했다. 당시 아픈 이별을 겪은 타오양은 완전히 무너져버려서 엉망이 된 멘탈로 나에게 날마다 전화를 걸어 울며불며 하소연했다. 처음에는 안쓰러운 마음에 긴 시간 동안 얘기를 나누고 조언을 하기도 했지만, 한 달이 지나도록 그녀는 별다른 변화가 없고 항상 옛날 일을 생각하며 눈물을 흘렸다. 전화를 끊지 않으면 한두 시간은 그녀의 하소연을 들어야 했다.

그때 나는 어떻게 해야 할지 몰라 그냥 '이렇게나 나에게 의지하는데 내가 거절하면 그게 무슨 친구겠어'라고 생각했다. 그런데 그 무렵 나는 승진한 지 얼마 안 됐을 때라 업무가 서툴기도 했고, 팀 내에 나보다 경력이 오래된 팀원도 있었기 때문에 하루하루가 스트레스의 연속이었다. 그래서 그녀와의 대화에 집중하기가 점점 더 어려워졌고 일부러 전화를 '놓친' 적도 있었다. 한번은 밤 9시 넘어서까지 야근을 하다가 타오양의 전화를 받았는데, 마침 감기 때문에 만신창이가 된 그녀와 3시간 정도 통화했다. 그래도 그녀는 전화를 끊을 생각이 없어 보였다. 나는 그야말로 '배터리가 방전'된 것처럼 "응, 응, 응"으로 간신히 대답만

할 수 있는 수준이었다. 그러자 내 마음이 딴 곳에 있다는 것을 눈치챈 그녀는 난감해하는 목소리로 방해하지 않겠다고 말하고는 얼렁뚱땅 전화를 끊어버렸다.

권력 관리의 맥락에서 보면 그때 나는 전화를 끊어 그녀의 부정적인 에너지를 차단하고 '그녀 얘기 들어주기'의 권력을 되찾을 수 있었다. 일종의 방법이긴 하지만, 성숙하지 못하고 인지상정에도 어긋나기 때문에 나는 차마 그럴 수가 없었다. 그렇다면 감정을 상하지 않게 하면서 문제도 해결할 수 있는 방법은 없을까?

나중에 나는 '표현하기'를 선택했다.

나는 "우리는 못 할 말이 없는 친구였어. 걱정거리가 있으면 맨 처음으로 서로에게 털어놨고 이야깃거리도 무궁무진했잖아. 그런데 우리가 요즘은 같은 말만 자꾸 되풀이하고, 내가 너한테 해주는 조언도 별로 소용없는 것 같아서 무슨 말을 해야 할지 뭘 해야 할지 모르겠어. 너에게 도움이 되고 싶은데 일단 문제가 뭔지 생각해봐야 할 것 같아"라고 얘기했다.

그날 이후 우리는 '통화' 패턴을 바꾸고 우리 둘 모두에게 편한 방식을 찾았다. 매주 월요일마다 함께 요가를 하고 연휴에는 교외로 나가 기분전환도 했더니, 한 달도 채 안 되어 친구의 상태가 눈에 띨 정도로 좋아졌다.

표현하는 것은 간단한 일 같은데 나는 왜 주저하며 말을 꺼내지 못했을까? 설령 '나는 거절할 권리가 있는 사람'임을 알았다고 해도 말하지 못했을 것이다. '표현하는 것'이 더러 상대방을 불편하게 할까 봐 두렵고, 상대방을 거절하는 것은 내 잘못이라는 생각이 들 때도 있기 때문이다. 그러나 꾹 참고 말하지 않으면 서로의 '관계' 문제를 해결하지 못하고 감정이 쌓여서 불필요한 오해를 낳는다. 대범한 표현만이 관계를 더욱 돈독하게 만들수 있는 방법이다.

행동하라 : '열쇠' 되찾기

앞에서 소개한 '보기'와 '표현하기' 두 가지 방법 외에 세 번째 방법으로 '행동으로 권력을 관리하기'가 있다. 관련 사례를 살펴보도록 하자.

어느 날 나는 SNS 단톡방에 갑자기 끌려갔다. 들어가고 보니 '비아냥 방'이었다. 그 무렵 동료 야오야오가 어느 광고회사와 함께 프로젝트를 진행 중이었는데, 안타깝게도 효과가 좋지 못해서 프로젝트를 마칠 때 모두 불만스러워하고 약간의 소란이 있었다. 급기야 협력업체 쪽에서 톡방을 만들고 거기에서 야오야오한테 이런저런 문제가 있다는 험담을 했다. 나는 당연히 그 사람보다 야오야오를 더 잘 이해했고 진실이 무엇인지도 잘 알았기 때문에 그가 그렇게 말하는 것은 형평성에 어긋난다고 생각했다. 더구나 야오야오도 그 단톡방에 있었기 때문에 그 글들을 읽고 매우 괴로워했다.

　이런 불필요한 논쟁을 하루빨리 마무리하고 싶어서 나는 다른 동료들과 함께 단톡방 내에 화해 분위기를 만들었다. 그때 내가 맨 처음 사용한 방법은 표현하기였다. 나는 간단하게 설명하고 내 입장을 밝혔으며, 협력업체 측에 앞으로는 더 이상 이 단톡방에서 내 동료를 비난하지 말아 달라고 했다.

　그러나 소용없었다. 나는 양쪽의 감정이 격해진 상황이라 내가 무슨 말을 해도 '그의 불평을 들을' 권리를 회수할 방법이 없다는 사실을 깨닫고는 바로 단톡방을 나와버렸다.

　결과가 어땠을까? 야오야오가 말하기를, 단톡방이 바로 잠잠해졌다고 한다. 그때 나는 '표현'을 선택했지만 소용없었다. 내가 단톡방에 계속 남아 있는 것은 그가 계속 말하도록 묵인하는 행동임을 알게 되었다. 내가 단톡방을 나오지 않으면 그가 하는 말을 읽게 되기 때문에, 상대방에게서 '관중'을 빼앗아야 이 논쟁을 멈출수 있었다.

　그렇기 때문에 단톡방 나오기라는 '행동'은 바로 그가 하는 말을 듣지 않을 '열쇠'를 되찾는 것이다.

OX 문제가
선다형 문제로 바뀌는 순간

이제 우리는 권력 관리의 세 가지 방법인 보기·표현하기·행동하기를 습득했다. 그렇다면 직장인의 최대 관심사인 '임금 협상'에서 어떻게 하면 세 가지 방법을 활용할 수 있을지 함께 알아보자. 보통 우리는 '얼마의 임금으로 나를 고용하는가'는 사장이 결정한다고 생각한다. 그러나 이는 우리가 사장에게 준 권리라는 사실을 확실히 알아야 한다. 이해를 돕기 위해 권력 위임 리스트를 만들어보자.

What's wrong(어떤 문제)	임금이 마음에 들지 않음
What(무엇)	이 임금으로 나를 고용할 권력
Who(누가)	팀장(또는 사장)
How(어떻게)	행위 묵인
Why(왜)	이 회사에서 일하고 싶음

나는 이 회사에서 일하고 싶기 때문에 팀장이 결정한 내 임금수준을 행동으로 묵인하고, 이 임금으로 나를 고용할 권력을 그에게 주었다. 그러나 이 임금은 만족스럽지 못해 임금협상이 필요하다. '협상'이라는 단어를 언급하면 대부분은 '협상'이 여러 가지 형식으로 사장을 '설득'하는 것이라고 생각한다.

"'내 가치가 얼마인지'가 무슨 필요가 있을까? 돈을 주는 건 사장인데"라고 말할 수도 있다. 그렇기 때문에 당신이 다음으로 할 일은 '자신의 가치가 얼마인지'를 증명하는 것이다.

사장과 직접 임금을 협상하는 경우 "사장님, 기본급을 3,000위안까지 낮추는 대신에 성과를 달성하면 인센티브를 3,000위안까지 받게 해주셨으면 합니다"라고 할 수 있다. 이런 제안을 들으면 합리적이라고 생각해서 대부분 동의할 것이다. 성공 확률을 높이고 싶으면 직접 행동으로 보여줘도 좋다. 임금협상 때 성과를 올릴 수 있는 자세한 방안을 사장에게 보여주는 것이다. 경영학의 대가 피터 드러커(Peter F. Drucker)는 '매니저의 편지' 형식으로 매니저에게 성과 협의의 요점을 설명해도 되며, 양측은 예상 결과와 지도 방침 그리고 가용 자원을 놓고 심도 있게 토론함으로써 목표를 일치시킬 것을 제안했다.

또는 우선 3개월 동안 노력해서 진짜로 성과를 얻은 다음 그 결과를 사장에게 보여주고 원하는 임금을 받는 것이다.

요컨대 직원의 가치는 직원이 만드는 가치와 직접적으로 연관되어 있기 때문에 '열쇠'는 직원이 쥐고 있다. 사장이 진정 원하는 것은 모든 직원이 더 큰 가치를 창조해내는 것이지 직원에게 들어가는 돈을 아끼는 것이 아니다. 회사는 더 큰 수익을 얻고 당신은 더 이상적인 임금을 받는 상황, 이것이야말로 모두가 만족하는 상생의 결과다.

분업과 협업을 추구하는 현대사회에서는 '비즈니스의 본질'을 깨달은 사람들이 점점 더 많아지고 있다. '내 가치를 결정하는 열쇠는 내가 쥐고 있다'를 인식한다면 이직, 승진, 임금 인상에 한 발짝 더 다가갈 수 있다. 승진이나 임금 인상보다 난이도가 더 높은 것은 사실 일상적인 업무 중에 급하면서도 이러지도 못하고 저러지도 못하는 상황이다.

회사에서 진퇴양난에 빠진 샤오닝의 경우를 예로 들어보겠다. 그녀의 전임 팀장은 담당 프로젝트가 바뀐 뒤에도 계속해서 그녀에게 일 처리와 발표 슬라이드 수정을 요구했다. 이런 상황을 처음 겪을 때 그녀는 개인 시간을 할애해서 야근을 해가며 도와줬지만, 팀장의 요구가 두 번 세 번 이어지자 정말이지 도와주기 싫어졌다. 그녀는 어떻게 거절해야 좋을지 몰랐고, 이런 상황이 계속돼서 일상 업무에 영향을 끼칠까봐 두렵기도 한 속수무책의 상황에서 우리에게 도움을 요청했다.

그렇다면 권력 위임 이론에서 봤을 때 샤오닝의 '열쇠'는 어디에 있을까? 샤오닝은 상대방과 충돌을 일으키기 싫어서 야근을 하며 일을 도와줬다고 했다. 그러니까 그녀는 이해득실을 따져본 다음 '발표 슬라이드를 제작'하는 '열쇠'를 순순히 넘겨주기로 결정한 것이다. 이는 비난할 수 없는 선택이다. 만일 그때 그 자리에 있었다면 아마 다들 자신에게 가장 유리한 선택을 했을 것이다. 분명 샤오닝에게는 야근하면서 슬라이드를 만드는 일보다 상대방과 충돌하지 않고 좋은 동료관계를 유지하는 일이 더 중요했을 것이다.

샤오닝이 어떻게 거절했는지 함께 보도록 하자.

《설득의 재발견》이라는 책에서 흥미로운 관점을 다루었다. 우리 내면에는 네 가지 인격체인 드리머(dreamer)·싱커(thinker)·러버(lover)·워리어(worrier)가 존재한다. 그중 러버는 사랑을 하는 존재로 인간관계를 책임지고 감정적인 면을 다루며, 워리어는 규율을 나타내고 행동을 담당한다. 이 책의 저자 에리카 아리엘 폭스(Erica Ariel Fox)는 이 인격체를 우리 내면세계의 협상가라고 일컫는다. 그리고 당신이 팀을 이끌건 가정을 지키건 내면세계의 협상가들은 각자의 시각으로 관점을 말하고 통합하기 때문에 우리가 각 방면에서 성공을 거둘 수 있게 한다고 말한다.

예를 들어 협상에 능한 엄마는 아이에게 "량량, 동생을 때리면 안 돼. 얼른 사과해. 지금부터 5분 동안 조용히 있어야 해. 엄마가 우리 량량을 사랑하는 거 알지? 넌 정말 최고야. 그렇지만 사람을 때리는 건 용납할 수 없어. 다른 어디에서도 마찬가지야. 저 계단에 앉아서 생각 좀 해본 다음에 우리 같이 쿠키 만들자"라고 한다. 매우 뛰어난 표현이다. 가장 대단한 점은 풍부하고 단계가 있다는 것이다. 칭찬과 경계, 옳고 그름, 관계와 규율, 러

버와 워리어가 정확하게 담겼다.

우리는 권력 위임 여부가 둘 중 하나라고 생각한다. 참으면서 답답해하고 괴로워하거나, 아니면 반항하는 것이다. 이는 감정이 폭발하여 둘 다 손해 볼 수도 있다는 것을 뜻한다. 사실 권력 위임에는 여러 차원이 있다. 샤오닝은 전임 팀장에게 "발표 슬라이드 제작을 도와드리는 것은 영광이지만 정말로 시간이 없어요. 저번에 부탁하셨을 때도 밤새워 끝내느라 제가 해야 할 일을 못 했거든요. 그렇지만 저한테 아이디어가 있어요" 또는 "팀장님을 도울 수 있다면 저도 기쁘지만, 2주 동안 업무 스케줄이 꽉 차서 도저히 도와드릴 방법이 없네요. 혹시 급하지 않으면 2주 뒤에 도와드려도 될까요?"라고 말할 수도 있다. 말투는 부드럽지만 태도는 확고하며 감정과 이성을 동시에 담고 있다.

나는 이런 상황도 자주 겪었다. 하루는 중요한 고객이 갑자기 회사를 방문하기로 하는 바람에 나는 그가 회사에 도착하기 전에 서둘러 발표 슬라이드를 만들어야 했다. 몸속 모든 세포가 전투 준비에 열중인데, 사장이 와서 갑자기 다른 일을 얘기하는 게 아닌가. 나는 사장에게 "사장님, 중요한 고객이 곧 방문하기로 해서 지금 최선을 다해 발표 슬라이드를 만들고 있습니다. 그래서 지금은 정말 시간이 없는데, 30분만 시간을 주시면 조금 있다가 제가 가겠습니다"라고 했다.

옆에서 그 말을 들은 신입 직원 밍밍이 "어머, 어떻게 사장님한테 그렇게 얘기할 수가 있어요?"라며 놀란 반응을 보였다. 나는 그제야 고개를 들고 "난 사장님이 내가 회사 프로젝트를 위해 최선을 다하고 있다 생각하시리라 믿어"라고 했다.

멍멍은 그때 이것저것 고민이 많던 시기였다. 일을 시작한 지 얼마 안 되어 일의 흐름을 제대로 파악하지 못한 데다 툭하면 동료들이나 사장에게 불려가 회의에 참석하느라 정작 자신의 일은 엉망진창이었기 때문이다. 바로 그 시점에 멍멍은 "사장이 내 일을 방해하면 거절해도 괜찮고, 거절도 예쁘게 할 수 있는 거였어. '사장님, 급하신 건 알지만 저는 지금 더 급한 일을 해야 합니다. 30분만 시간을 주시면 지금 하는 일을 다 마치고 사장님이 말씀하신 일을 집중해서 처리할 수 있을 겁니다'라고 말이야" 하고 깨달은 듯했다.

권력을 본 다음에 말을 하면 문제는 아주 간단해진다. 지금 직면한 문제는 분명 선다형이기 때문이다. 이를 OX 문제로 만들어서는 안 된다. 강한 내가 된다는 것은 천하를 손에 쥐는 것이 아니라 세상을 꿰뚫어보고 세상과 소통하며 자신과 소통하는 것이라고 생각해왔다. 우리에게는 외길이나 막다른 길만 있는 것이 아니다. 지금 내가 이 길을 선택했을 뿐, 사실 많은 길이 있다는 것을 알고 있다. 이런 시각에서 보면 당신은 억울할 것도 불평할 것도 없다. 왜냐하면 손에 나만의 '열쇠'를 꽉 움켜쥐고 있기 때문이다.

이 과목에서 말한 방법을 사용하여 아래 두 문제를 생각해보자.

1. 생활 속에서 강력한 사람을 만나본 적이 있는가? 그는 당신에게 무엇을 했나? 당신은 또 그에게 어떻게 '협조'했나?

_____

_____

_____

_____

2. 이전에 겪은 경험 중에서 특별히 수동적이었을 때가 있는가? 이번 장의 학습을 마친 뒤 능동성을 어떻게 되찾을지 결정했는가?

_____

_____

_____

_____

3장 권력 관리

| 최악의 사장 | 인상 쓰는 남편 | 괴짜 시어머니 | 까다로운 고객 |

⇩

| 당신이 당신에게 영향을 끼치는 권력을 줌 |

당신은 언제 어디서나 권력을 갖고 있음
당신이 권력을 상대에게 줌
권력은 아래에서 위로 주는 것
영향을 받는 사람이 자신한테 영향을 주는 사람에게 권력을 수여함

권력 = '열쇠'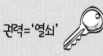

⇩

| 나는 내 '열쇠'를 어떻게 주는가? |

◆ 언어의 함정 사례	아이가 밥을 잘 먹지 않는 것은 우리가 '말 안 듣기' 열쇠를 아이에게 주었기 때문
◆ 행동의 함정 사례	샤오닝이 매일 피곤한 것은 나를 '착취'할 권력을 동료에게 자발적으로 주었기 때문
◆ 심리의 함정 사례	동료에 대한 편견은 내가 '나를 화나게 하는' 열쇠를 상대에게 주었기 때문

⇩

| 자신의 '열쇠'를 어떻게 관리해야 하나? |

◆ 보기 방법 : 권력 위임 리스트 나열하기
◆ 표현 방법 : 당신의 요구사항 표현하기
◆ 행동 방법 : 자발적으로 나가기

종합 사례 : 사장과 임금협상 하는 방법

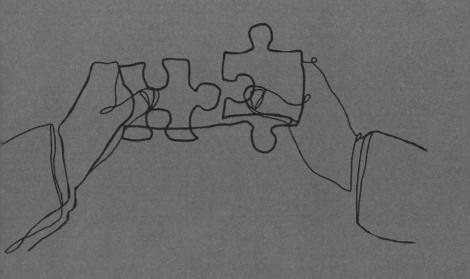

오해받지 않은 나도
오해받지 않은 타인도 없다

- 사고 관리

일상생활에서 사람에게 꼬리표를 붙이는 것은 아주 간단하고도 쉬운 일이다. 하지만 그런 행위가 어떤 결과를 초래하는지 깨닫지 못하는 경우가 종종 있으며, 비즈니스 세계에서는 실질적인 경제 손실로 이어지기도 한다. 유명한 조직심리학자이자 와튼스쿨의 경영학 교수 애덤 그랜트(Adam Grant)는 그의 저서 《오리지널스》에서 다음과 같은 이야기를 소개했다.

7년 전 어느 학생이 그를 찾아와 자신의 회사에 투자해줬으면 좋겠다고 했다. 네 명의 회사 창업자는 아직 경영대학에 재학 중인 학생들로, 인터넷에서 물건을 판매하고 싶어 했으며 자신들의 사업이 모든 업종을 망라할 수 있다고 생각했다.

그랜트는 네 명의 학생이 졸업 후에는 이 사업에 전력을 다하겠거니 생각했다. 그러나 학생은 사실 여름방학 동안 인턴을 하게 됐으며, 창업에 실패한다고 해도 취업이라는 차선책이 있다고 대답했다. 그랜트는 그들의 이런 행동을 보면서 집념이 부족하다는 결론을 내렸다. 6개월이 지나 영업 시작 하루 전날이 되었다. 그러나 회사 사이트는 여전히 정상 운영이 불가능했고, 그랜트는 투자하지 않기로 했다.

그 후에 회사는 영업을 시작했고, 회사 이름을 와비파커(Warby Parker)라고 지었다. 미국의 이 안경 전자상거래 사이트는 설립 1년 만에 판매량 10만 개를 달성하여 《패스트 컴퍼니(Fast Company)》 매거진에서 2015년 50대 혁신기업 1위로 뽑혔다.

경영학 교수인 그랜트는 어쩌다가 천재일우의 돈 벌 기회를 놓쳤을까? 무엇이 판단을 가로막았을까? 그가 투자하지 않기로 결정한 때로 돌아가보자. 그는 이 네 명의 학생이 창업에 전념하지 않고 일을 미룬다고 생각했다. '미루기' 꼬리표에 시선이 가려져 절호의 투자 기회를 놓친 것이다.

그 후 '미루기' 꼬리표에 흥미가 생긴 그랜트는 대량의 조사를 진행했다. 분석 결과, 심각성이 중간 정도인 미루기 환자의 창의성이 더 뛰어나다는 사실을 발견했다. 미루는 행동 덕분에 사고를 발산하고 반복적으로 생각할 시간이 생기며, 그 과정에서 뜻밖의 수확을 얻기 때문이다. 미루는 병, 게을러터짐…. 우리는 매일 사람들에게 꼬리표를 붙인다. 이는 지극히 정상처럼 보이지만, 평범하고 일상적인 일 이면에 숨어 있는 엄청난 사각지대가 우리의 시선을 가린다.

우리는 늘 자신만의 잣대로
세상을 바라본다

나는 전에 팀장 한 명과 이런 얘기를 나눈 적이 있다.

팀장 : 우리 팀으로 배정된 신입 직원들 말이야. 의욕을 찾아 볼 수가 없다니까. 도대체 어떻게 관리하면 좋을지 모르겠어.

나 : 왜 의욕이 없는데?

팀장 : 무슨 일이든 내가 밀어붙여야만 그제야 하려고 해. 평소에는 도통 뭘 배우려고 하지를 않아. 스스로를 위한 재충전도 하지 않고, 일할 때 전혀 주도적이지도 않고.

나 : 그럼 그 신입 직원들이 왜 그러는지 생각해본 적 있어?

팀장 : 말했잖아. 그냥 의욕 자체가 없다니까.

'의욕이 없다'는 팀장이 신입 직원에게 붙인 꼬리표다. 이는 매우 흔히 볼 수 있는 상황으로, 신입 직원이든 기존 직원이든 간에 부하 직원이 적극적으로 일하지 않는 것 같으면 리더는 상대에게 이런 꼬리표를 붙이곤 한다.

얼핏 보면 이 꼬리표는 제대로 붙인 것 같기도 하다. 그러나 곰곰이 생각해보면 팀장이 직원에게 의욕이 없다는 꼬리표를 붙임으로써 '나는 신입 직원을 관리할 수 없다'는 행위에 대해서 합당해 보이는 구실을 만든 것이다.

당신은 "그들은 의욕이 없어"에서 시작하여 "그들은 의욕이 없어"로 끝나는 악순환을 발견했는가? 처음부터 끝까지 그저 자기 자신에게 해명하기 위한 행동인 듯하다.

이 관점에서 앞에 언급한 사례들을 살펴보자. 그랜트는 네 명의 젊은이에게 '미루는 병'이라는 꼬리표를 붙임으로써 자신이 그들을 계속 관찰하는 것을 포기한 행동에 대해 해명했고, 팀장은 신입 직원들에게 '의욕 없음'이라는 꼬리표를 붙임으로써 "나는 그들을 관리할 수 없다"에 대해 해명했다.

발견했는가? 원한다면 언제나 이유를 찾거나 만들어내서 해명할 수 있는 것이다. 해명만 하면 끝나는 것처럼 보이지만 문제는 해결되지 않았다. 팀장은 여전히 부하 직원을 관리하지 못하고, 그랜트는 그 일 때문에 절호의 투자 기회를 놓친다.

만일 진정으로 이 괴로움을 해결하고 싶고 진실이 무엇인지 똑바로 보고 싶다면, 자신이 다른 사람에게 붙인 꼬리표를 잘 연구해봐야 한다.

왜 우리는 자신을 위해 변명하고 해명하는 데 집착할까? 이는 심리학에서 말하는 방어기제인 자기합리화와 관련이 있다. 인류는 모든 일에서 이유를 찾는 데 몹시 집착하는 동물로, 모든 일은 논리에 맞아야 한다고 믿기 때문이다. 그렇기 때문에 괴로움에 부딪히고 한순간 논리적인 이유를 찾지 못하면 우리는 자기합리화를 하는 경향이 있어서 정당하다고 여기는 해석을 스스로에게 부여한다. 이는 인류의 가장 흔한 심리 방어기제 중 하나다. 어쩐지 사람들이 너무 자주 꼬리표를 붙인다 했다.

하버드대학교의 심리학자 데이비드 퍼킨스(David Perkins)의 연구에서도 이 점이 증명되었다. 보통 사람은 우선 자신의 입장을 정한 다음 자신의 입장을 지지할 증거를 찾고, 이를 근거로 자신의 입장이 '일리가 있다'는 것을 증명한 다음 생각하기를 뚝 멈춘다. 당연히 주도적이고 자발적인 역발상을 하는 일도 없다.

꼬리표 붙이기는 자신을 위한 핑계일 뿐 아니라 일종의 분류학상의 행위이기도 하다. 우리가 이토록 꼬리표를 빈번하게 사용하는 이유는 정보를 신속하게 처리하고 사람과 일을 판단하는 데 도움이 되기 때문이다. 첫 만남에서 상대의 별자리·혈액형·특징 따위를 파악하면 상대방의 인상을 더욱 빠르게 정할 수 있다.

이렇게 보면 꼬리표는 어느 정도 우리의 인식 자원을 아끼게 하며, 정보의 빠른 분류, 생각 줄이기, 시간 단축이라는 장점도 있다.

너무 쉽게
타인을 평가하다 보면…

방대한 양의 정보를 처리하기 위한 지름길을 제공하는 것이 꼬리표 붙이기의 장점이지만, 이 지름길이 너무 편리한 까닭에 어떤 사람들에게는 유일한 길이 되기도 한다. 어떤 사람들은 꼬리표를 너무 많이 붙이거나 이런 행위에 거침이 없다가, 시간이 지나면서 꼬리표의 폐해를 간과하기도 한다.

먼저 인식 측면에서 예를 들어보자. 그는 왜 일할 때 엄마의 의견을 물어볼까? 마마보이여서 그래. 그는 왜 자신 있게 고객과 말하지 못할까? 성격이 내성적이라 그래. 그는 왜 성질이 불같을 까? 양자리여서 그래. 그는 왜 집안일을 안 할까? 게을러서 그래.

이 상태로 계속 가다 보면 어떤 문제가 생겼을 때 깊이 생각하지 않고 재빨리 판단을 내리게 된다. 이렇게 되면 우리는 일의 이면에 숨겨진 실상을 보지 못하고 문제의 핵심을 알 수 없기 때문에 상황에 알맞은 해결책을 마련할 방법이 없다.

인식 차원에서 잘못된 판단을 하면 더욱 심층적인 차원에서는 우리의 행동을 나쁘게 유도한다. 마치 우리 몸에 '부적'을 붙인 것처럼 우리를 매우 위험한 무한반복의 상황에 휘말리게 하는 것이다. 예를 들어보자. 초등학생 아이를 둔 내 친구는 언제나 자기 아이가 "공부를 못 한다"고 말한다. 이것이 바로 아이에게 꼬리표를 붙이는 행동이다.

1단계: 아이가 90점짜리 수학 시험지를 들고 신이 나서 집에 돌아온다. 아이가 "엄마, 이것 좀 봐! 나 오늘 90점 맞았어!"라고 하자 엄마는 시험지를 뺏어 들고 "다른 집 애는 100점 맞았던데, 너는 겨우 90점이야? 10점은 어디에서 깎인 거야?"라고 다그친다.

2단계: 아이가 100점짜리 수학 시험지를 들고는 즐거운 마음으로 집에 돌아왔다. 아이가 "엄마, 봐요! 이번에는 100점 맞았어!"라고 하자, 엄마는 시험지를 뺏어 들고 화를 내며 "어쩌다 운이 좋아서 한번 잘 본 것 가지고 뭐 그렇게 우쭐거리니? 영어는?" 아이가 쭈뼛쭈뼛 영어 시험지를 꺼내자 엄마는 더욱 화난 목소리로 "영어를 이렇게 망쳤으면서 그렇게 좋아한 게 부끄럽지도 않니? 하며 아이에게 또 찬물을 끼얹는다.

3단계: 풀이 죽은 아이가 80점짜리 수학 시험지를 꺼내자 엄마는 "내가 뭐랬어. 성적도 좋지 않은 게 우쭐대고 잘

난 척하더니, 네 진짜 수준을 좀 봐라!" 또다시 찬물을 끼얹는다. 이번에 아이는 '온몸이 흠뻑 젖었다.'

엄마는 아이의 성적이 더 올랐으면 하는 마음으로 그랬겠지만, 정작 자신이 아이에게 붙인 '공부를 못 한다'라는 꼬리표 때문에 아이의 장점을 전혀 보지 못한다는 사실을 간과하고 있다. 그래서 아이의 발전과 성취, 장점에 대해서 아무런 반응도 보이지 않는다. 그렇다면 아이는 어떨까? 긍정적인 격려를 받지 못한 아이는 쉽게 낙담해서 공부에 흥미를 잃고 점점 공부를 싫어하게 된다. 아이가 공부에 흥미를 잃으면 엄마는 '어휴! 내가 쟤는 공부에 소질 없을 줄 이미 알고 있었어'라고 생각한다.

'인식-행동-인식', 이것이 바로 '아이가 공부를 못 한다' 꼬리표가 가져온 무한반복의 상황이며 곤경이라고 할 수 있다. '애 교육하느라 이렇게나 애썼는데, 성적은 왜 좋아질 기미가 보이지 않을까?'라며 의기소침해진 엄마는 출구를 찾지 못한다.

이렇게 분석해보면 꼬리표의 폐해가 쉽게 드러난다. 아마 모두들 꼬리표를 뜯어버리려고 다급해졌을 것이다. 우선 꼬리표를 뜯어내느라 서두르지 말자. 전제조건은 자신이 꼬리표를 어디에 붙였는지 알아야 한다는 것이다.

나도 내가 누구인지
잘 모른다

타인을 향한 나의 오해

직장을 옮긴 지 얼마 안 된 샤오우는 불만이 많다. "우리 부서 팀장이 저를 좋아하지 않는 것 같아요. 점심때마다 서류를 한 뭉텅이씩 주면서 오후 회의에 쓸 거니까 해결하라고 하는데, 이건 저를 괴롭히는 거 아니겠어요? 또 회의할 때 저더러 의견을 내라고 해요. 일한 지 얼마 안 돼서 상황도 잘 파악하지 못하는데, 팀장은 저를 지명해서 발언시켜요. 일부러 난처하게 하는 거겠죠? 분명 아무 일도 없는데 지나가면서 툭하면 저를 노려보기도 하고요. 저를 언짢아하는 게 눈에 다 보인다니까요. 진짜 더는 못 버티겠어요. 회사를 옮겨야 할까요?"

우리는 다른 사람의 '고의'를 느끼면 무의식중에 그 사람에게 '나를 싫어한다'는 꼬리표를 붙인다. 그러면 마치 색안경을 쓴 것처럼 앞으로 그 사람이 무슨 말을 하든 무엇을 하든 '나를 싫어하니까' 그러는 것이라고 생각한다.

'게을러 터졌다' '의욕이 없다'와 견줄 때 이런 꼬리표는 더 많이 숨겨져 있기 때문에, 어떤 것이 '사실'인지 어떤 것이 '내가 사실이라고 여기는 것'인지 분간하기가 어렵다. 색안경을 쓴 뒤에 당신이 바라보는 세상은 색깔이 바뀌고, 행동도 이 마음이 설정한 대로 흘러간다. 팀장이 당신을 싫어한다고 굳게 믿기 때문에 팀장이 무슨 일을 시키든 당신은 마음으로부터 반항하고 행동 면에서도 원활하게 협조하지 않는다. 심리적인 걸림돌이 있기 때문에 재능을 100% 발휘하지 못하고, 일을 하면서도 늘 '제약'받는다는 느낌이 든다. 이런 보이지 않는 어색함과 업무적인 게으름 때문에 팀장이 정말로 당신에게 '호감이 없어'지는 결과를 초래할 수도 있다.

타인의 행동에 관한 나의 오해

타인의 '행동'에 붙이는 꼬리표도 있다. 어느 날 회원 한 명이 사무실로 도움을 청하러 왔다. 자기 아이가 집 안에 있던 돈을 몰래 가져가고도 아무 일 없는 듯이 아빠와 낄낄거리며 장난을 쳤는데, 그런 모습을 보고 너무 놀라서 어떻게 해야 할지 모르겠다고 했다. 내가 그녀에게 "그럼 아이한테 왜 돈을 가져갔는지 물어보셨어요?"라고 묻자 "어떤 이유에서건 돈을 훔치는 건 안 돼요! 이건 너무 심각해요"라며 흥분했다.

그녀는 원인에는 전혀 관심이 없고 "물건을 훔치는 짓은 안 돼요!"만 거듭 강조했다. '훔치다'라는 글자가 마치 모든 행위의 성질을 규정한 듯했고, 그녀의 모든 관심이 이 꼬리표를 에워싸고 있었기 때문에 다른 것은 보이지 않는 듯했다.

그녀는 나에게 도움을 청하러 왔지만, '훔치다'라는 이 꼬리표가 없어지지 않는 한 그녀 마음속의 유일한 문제 해결 방법은 "너 왜 훔쳤어? 물건을 훔치면 안 돼!"라며 아이를 엄하게 훈계하는 것밖에 없었다. 나는 이 점을 잘 알고 있었다.

그런데 과연 이것이 가장 좋은 방법일까? 사실 아이들은 행동으로 자신의 감정을 표현하며, 그 이면에는 진짜 요구사항이 숨겨져 있다. 나는 "거짓말은 가장 진실된 진담"이라고 말해왔다. '거짓말'을 하는 것처럼 보이지만, 표현하지 못하는 무언가가 이면에 있기 때문에 너무 난처한 나머지 차마 말을 못 하는 것이다. 그러나 '거짓말' '훔치기' 같은 꼬리표는 심각성이 크기 때문에, 자동으로 겁을 먹고 보기만 해도 화가 치밀며 분노가 폭발하게 된다. 그런데 이런 대응방식은 더 큰 거짓말을 낳을 가능성이 높다. 그렇기 때문에 '거짓말' '훔치기' 같은 꼬리표에 대한 편견을 거두어야만 진실을 찾을 기회가 생기고, '훔치기' 행위 이면에서 아이가 도대체 무엇을 나타내는지 볼 수 있다.

이런 마음가짐으로 돈을 가져간 일에 대해 아이와 얘기를 나누면 우리는 '아이가 왜 돈을 가져갔을까?' '아이는 왜 엄마한테 직접 말하지 않았을까?'라는 호기심이 생긴다. 어쩌면 아이는 교문 앞에서 파는 간식이나 장난감을 사고 싶은데 사달라고 할 때마다 엄마가 안 된다고 하니까, 아니면 친구들은 다 갖고 있어서 자기도 너무 갖고 싶은데 사달라고 해도 사주지 않으니까 이런 방법을 선택한 것일 수도 있다. 아니면 아이는 집에서 돈을 가져가는 것이 문제가 된다고 생각하지 않았을 수도 있다. 왜냐하면 돈을 쓰는 '규칙'에 관해서 아무도 말해주지 않았기 때문이다. 만일 두 번째 이유라면 엄마는 아이에게 "네가 돈을 가져갈 때는 먼저 엄마한테 말하고 엄마의 허락을 얻는 것이 '규칙'이야"라고 말해줄 수 있다.

내가 접한 사례들 중에는 '엄마의 관심을 얻기 위해서' 돈을 훔치는 아이도 있었다. 사업가인 그 아이의 엄마는 아이를 낳자마자 할머니 집에 맡기고는 주말에만 한 번씩 보러 갔다. 시간이 흘러 조금 자란 아이는 자신이 잘못을 저질러 할머니가 엄마에게 알렸을 때만 엄마가 씩씩거리며 달려와 자기를 혼낸다는 것을 알았다. 아이의 작은 머릿속에 '집에 있는 돈 가져가기'는 '엄마를 만날 수 있어'와 동일했던 것이다. 어른들 세계에서는 말도 안 되는 일이지만, 여장부인 그 엄마도 이유를 알고는 아이를 안고 펑펑 울었다. 우리는 '꼬리표' 때문에 많은 소통의 기회를 놓친다. 꼬리표를 뜯어내야 더 많은 진실을 접할 기회가 생긴다. 이러한 진실이야말로 본래 사람과 사람 사이에 있어야 하는 친밀감이다.

잘못된 틀에 가둬버린 자기다움

꼬리표는 다른 사람에게도 붙이지만 자기 자신에게 붙일 때 더 열중한다. "난 양자리여서 말하는 게 솔직하니까 너무 마음에 담아두지 마." "나도 별수가 없어. 누가 O형 아니랄까 봐 스스로 통제가 안 돼." "어휴, 또 삐졌어. 난 정말 자제력이 꽝이야." "나 같은 사람은 너무 감성적이어서 그래. 뾰족한 방도가 있겠어?" 당신은 아마도 자신에게 부호 하나 더 붙였을 뿐이므로 별 문제가 아니라고 말할 수도 있다.

그러나 우리가 이 부호에 끌려간다는 사실을 발견했는가? 이런 것들이 얼마나 과학적으로 '들리든' 간에 '나는 이런 사람이니까 나도 방법이 없다'는 생각이 감춰져 있다. 이를 비즈니스 사회에 대입해보면 더더욱 핑계처럼 들린다. 우리가 책임을 회피할 때 쓰는 핑계 말이다.

일하다 보면 "저는 다른 사람 재촉하는 걸 못 하는 스타일이라 기획안이 계속 미뤄져요" "저는 쉽게 화내는 스타일이라 부주의로 고객의 기분을 상하게 할 때가 있어요"라고 말하는 직원들이 있는데, 이런 말에 숨겨진 뜻은 '나는 못 바꿔요' '나는 바꾸기 싫어요'다. 이쯤 되면 꼬리표는 더 이상 간단한 한 마디나 단어가 아니라 우리를 그 자리에 제한함으로써 발전과 변화를 방해하는 걸림돌이다.

꼬리표를 떼어내고
진짜를 마주하는 법

꼬리표가 걸림돌이라는 것을 깨달았으니, 이제 어떻게 하면 꼬리표를 '뜯어버릴 수' 있는지 같이 살펴보도록 하자. 가장 중요한 단계는 바로 꼬리표를 '발견'하는 것이다. 자신이 꼬리표를 붙이고 있다는 사실을 발견하면 꼬리표로 인한 판단은 단편적이고 국한됐다는 점을 깨달을 수 있다. 사실 이 단계까지 왔다면 이미 꼬리표를 뜯어냈을 때다.

문제는, 일단 힌트를 받으면 문득 깨달음을 얻고 바로 '내가 꼬리표를 붙이고 있었구나' 알게 되지만 일상생활로 돌아오면 관성에 빠져서 꼬리표의 존재를 등한시하기 쉽다는 것이다. 그렇기 때문에 시스템적인 훈련이 필요하다.

그렇다면 어떻게 훈련해야 할까? 아래에 소개하는 난이도별 네 가지 방법을 통해 꼬리표를 발견해보도록 하자.

리스트 만들기

먼저 연습해보자. 종이와 펜을 꺼내 변화를 주고 싶은 사람을 택한다. 이때 대상은 당신 자신을 포함한 누구라도 가능하다. 종이에 단어를 다섯 개 적는데, 이 단어들은 당신이 생각하는 그 사람의 가장 인상 깊은 점을 대표한다.

예를 들어 당신 부서에 새 동료가 왔는데, 당신은 줄곧 그녀가 못마땅했다. 이제 다섯 개 단어로 대상을 설명해보자. '지우링허우(90년대 이후 출생)' '고약한 성격' '미루기' '솔직해서 입바른 소리를 잘함' '덤벙거림'… (이 단어들 중에 사실 우리가 놓치기 쉬운 꼬리표가 숨어 있다). 그런 다음 이 다섯 개 단어 중에서 가장 골칫거리인 단어 하나를 고른다. '고약한 성격'이라면 이것이 바로 전형적인 '꼬리표'다. 이제 어떻게 이를 알아차리고 뜯어버릴지 함께 살펴보자.

기적의 질문

'꼬리표 붙이기'의 위험성 이야기를 들은 내 친구는 무릎을 탁 치며 "어머! 나는 남편이랑 다툴 때마다 나 원래 이렇게 까다로운 사람이라고 말했거든. 다행히 네 덕분에 알게 됐으니 얼른 고쳐야겠다"고 했다. 그러나 며칠 뒤 친구는 또다시 나를 찾아와 "구체적으로 어떻게 고쳐야 하는 거야?"라고 했다.

이것은 꼬리표를 뜯어내는 과정 중의 난제로, 변화를 '구체화'해야 한다. 바로 '기적의 질문법'을 사용할 때다. 지우링허우라는 새 동료의 사례를 이용해서 가설을 세워보자. 어느 날 당신이 출근했는데 기적이 일어났다. 바로 동료의 '고약한 성격'이 사라진 것이다. 이때 다음 몇 가지 질문에 답해보라.

당신은 동료의 꼬리표가 사라진 것을 어떻게 발견했나? 동료가 구체적으로 어떤 일을 했기에 오늘 평소와 다르다고 느꼈는가? 동료의 행동 중에 어떤 점이 괜찮은가?

예를 들어 당신이 본래 '성격이 고약'했던 동료가 다른 사람과 부드럽게 대화하고 자신의 감정을 아무렇게나 죄 없는 사람한테 분출하지 않는 것을 발견했다고 하자. 동료가 잘한 점은 다른 사람이 말할 때 조용히 상대방의 말을 다 듣고, 상대방의 말을 성급하게 자르지 않으며, 상대방에게 "당신이 틀렸어"라고 부정하지 않는 것이다.

'기적의 질문'의 요점은 기적이 어떻게 발생했는지 추측하게 하는 것이 아니라 기적이 발생한 구체적인 행동이 무엇인지 상상하게 하는 것이다. 구체적인 행동이야말로 난제를 해결하는 핵심 포인트다.

'기적의 질문'을 알기 전까지는 성격이 고약한 사람을 대할 때 "성격 좀 좋게 바꾸면 안 되겠어?"라고 말하곤 한다. 그런데 이 방식은 너무 막연하다. '좋은 성격'은 방향이 모호하기 때문에, 설령 상대방이 변하고 싶은 마음이 있다 해도 '내가 어떻게 해야 성격이 좋다고 할 수 있을까?' 갈피를 잡을 수 없다. 그러나 '기적의 질문'을 거쳐 '변화의 구체화'를 완성했다. 조금 작은 목소리, 말할 때 느긋한 속도, 다른 사람의 말 끊지 않기가 구체적인 방법이라고 할 수 있다. 우리는 '기적의 질문'을 통해 꼬리표를 떼고 변화의 방향을 똑바로 볼 수 있다.

물건을 찾고 싶다면 우선 그 물건이 어떻게 생겼는지 알아야 한다. 이것이 바로 기적의 질문법에 담긴 의미다.

구체적인 서술

'기적의 질문'의 다음 단계는 '구체적인 서술'이다. 부부가 대화하는 도중 아내가 "당신이 그렇지, 뭐. 책임감이 없어"라고 하면 남편은 갑자기 "당신은 내가 한 번 그런 걸 갖고 언제나 그러는 것처럼 말해야 되겠어?"라며 분노한다.

기적의 질문을 통해 '그가 나쁘다'는 실제로 '그의 어떤 구체적인 행동이 좋지 못함'이라는 것을 깨달았으니, 다음에 꼬리표를 붙이고 싶으면 꼬리표를 구체적인 서술로 바꿔보자. 예를 들어 '그는 성격이 고약하다'를 '그는 동료들과 얘기할 때 조급하고 목소리도 크다'로 대체하고, 더 나아가 '그는 어떤 동료들과 얘기할 때 조급하고 목소리도 크다'로 최적화하며, 다시 '그는 어떤 상황에서 어떤 동료들과 얘기할 때 조급하고 목소리도 크다'

라고 최적화한다. 서술하는 상황이 구체적일수록 좋다.

주관적인 막연한 평가를 대체하는 것이 바로 '구체적인 묘사'이며, 이는 꼬리표의 마력을 크게 줄인다. 이렇게 하면 우리는 '그는 다 별로야'라는 대립에서 '그는 어떤 일에서만 잘 못해'라는 각성으로 나아가게 된다. 두 사람의 상호작용에도 더 구체적인 가속 포인트가 생겨, '내가 그에게서 진짜로 바꾸고 싶었던 점은 구체적인 어떤 행위에 불과하구나'라고 깨닫게 된다.

예외 관찰

'느슨한' 꼬리표를 원한다면 '예외 관찰'이라는 방법이 있다. 회원 한 명이 자신의 아이가 숙제를 계속 미룬다며 도움을 요청한 적이 있었다. 여러 방법을 시도해봤지만 다 소용없었고, 숙제 때문에 크고 작은 다툼이 벌어졌다. 그런데 그녀가 나에게 묘사한 상황 중에 디테일한 부분이 있었다. 한번은 아이가 제출 마지막 날 숙제를 마치기 위해서 새벽 5시까지 밤을 새우고 3시간 잔 다음 다시 일어나서 계속 숙제에 몰두했다는 것이다.

나는 학부모에게 "어떻게 해서든 숙제를 끝내겠다는 행동은 잘했다고 인정할 만하지 않아요?"라고 물었다. 내가 반복해서 이 점을 상기시키자 학부모는 "그건 예외일 뿐이에요"라고 말했다. 우리는 예외적인 상황은 중요하지 않으며 우연일 뿐이라는 생각에 이를 소홀히 할 때가 있다. 그러나 우리가 관심을 기울여 예외를 찾고자 한다면 예전과 다른 점을 많이 발견할 수 있을 것이다.

아이가 이번에 '밤을 새워 숙제를 몰아서 한' 예외 상황에 관심을 집중하고, 아이에게 이런 예외가 언제 있었는지 천천히 기억을 더듬어보자. 내가 다시 캐묻자 부부는 결국 작은 목소리로 "기말고사 전에도 밤을 새워서 모든 과목을 다 복습했어요"라고 말했다. 잠깐의 침묵 끝에 그녀는 갑자기 남편에게 "우리 아이는 늘 마지막 순간에 임무를 완성할 수 있었던 것 같아. 자기만의 리듬이 있었던 것도 같고. 다만 그 리듬이 우리가 원하는 리듬과 맞지 않았을 뿐이었어"라고 말했다.

다시 '고약한 성격'의 동료 이야기로 돌아가보자. 그는 동료들과 얘기할 때 급하고 목소리가 크며 성격도 별로 좋지 않다. 그렇다면 그가 말하는 속도가 조금 느리고 목소리가 조금 작았을 때가 한 번이라도 있었는가? 곰곰이 생각해보고 스스로에게 '전에 그 동료에게서 이런 예외 상황을 본 게 또 언제였지?'라는 질문 하나를 또 던져본다. 당신은 그가 중요한 고객을 대할 때 천천히 말한다는 것, 지난번에 여자 친구의 전화를 받을 때 목소리가 특히나 부드러웠다는 것을 발견했을 수도 있다.

이는 '꼬리표 무한반복' 가운데 작게 절개한 부분으로 당신의 생각을 조금 바꾼 것에 불과해 보이지만, 나비효과가 발생해서 당신과 이 사람과의 상호작용 방식을 변화시킬 수도 있고 이 사람에 대한 인상이 바뀔 가능성도 있다.

　10년 전 내가 막 입사해서 편집 일을 맡았을 때 아주 '불친절한' 작가를 만났다. 그때 나는 그 작가가 너무 까다롭게 군다는 생각에 매일 동료에게 이 '불친절한' 작가가 또 어떤 '까다로운' 짓을 했는지 헐뜯었으며, 그와 함께 작업하는 것을 포기할까 생각한 적도 있었다. 그러나 이대로 그만두면 작가와의 관계 개선에도 도움이 안 될뿐더러 내 실적에도 득이 될 게 전혀 없었다. 심지어 어느 베테랑 선배는 그가 나한테 왜 까다롭게 구는지 생각해본 적이 있는지 묻기도 했다. 나중에 나는 예외 상황이 있었는지 스스로에게 관찰해보게 했다. 언젠가 내가 그의 작품 장 제목을 더욱 생동감 넘치는 단어로 바꾼 것을 보고 그가 만족하는 표정을 지은 적이 있었다. 그래서 또 몇 차례 비슷하게 고쳐봤더니, 그가 나하고 상호작용을 많이 하기 시작했다. 그러니까 예전의 '불친절'은 나의 부족한 전문성에 대한 표현이었던 것이다.

　예외 상황을 주시하자 기존의 꼬리표가 느슨해졌고, 나는 더 많이 시도하게 됐으며, 그를 대하는 나의 태도도 바뀌었다. 더 이상 예전처럼 마음속으로 몰래 그에게 저항하거나 내 기분을 건드렸다는 이유로 소극적인 태업을 하지 않게 된 것이다. 그 결과 나에게 일어난 변화가 내 행동력을 향상했으며, 그가 나에게 우호적인 모습을 보이는 빈도도 늘어났다. 한 달 뒤에 나는 그 꼬리표를 완전히 뜯어버렸고, 우리는 서로 바람직한 상호작용을 하며 기분 좋게 협조했다.

'예외 관찰법'은 해결 방법이 없는 것처럼 보이는 문제에서 특수한 사례를 찾을 수 있게 해준다. 그 특수한 사례를 찾으면 그다음은 인식 관성을 깨부수는 과정으로, 우리에게 꼬리표 이외의 정보를 제공해서 변화의 희망을 보게 한다. 이렇게 되면 우리는 전과는 다른 방향을 향해 나아갈 수 있으며, 무한반복하는 곤경에서 벗어날 수 있다.

난이도별 4단계는 사고의 방향을 정리하게 도와준다. 전에는 그는 그런 사람이니 절대 변하지 않는다고 생각했지만, 지금은 막연한 꼬리표를 뜯어내고 '기적의 질문'과 '구체적인 묘사'를 통해 변화의 방향을 명확히 하고 변화의 경로를 찾았으며, '예외 관찰'을 통해 변화의 계기를 보고 변화의 희망을 찾았다. 이 과정에서 꼬리표는 자연적으로 뜯어지며, 해결이 불가능한 인간관계의 난제도 더는 존재하지 않는다.

질리언의 따뜻한 사례를 결합해서 다음 문제를 생각해보자.

l. 당신이 전에 붙인 꼬리표 중에서 어떤 것이 가장 겉으로 드러
나지 않고 당신에게 가장 큰 영향을 끼쳤는지 생각해보시오.

_____

_____

_____

_____

2. 꼬리표를 뜯어낸 후에 보게 된 진실은 무엇인가? 당신에게 어
떤 변화를 가져다주었나?

_____

_____

_____

_____

4장 사고 관리

미루는 병

게으름

주의력 결핍
과잉행동 장애

덜렁거림

의욕이 없음

꼬리표의 역할

a. 자신에게/일에 핑계를 댐

b. 일종의 분류 도구

꼬리표의 두 가지 폐단

a. 인지 방면 : 코끼리 다리, 변명을 위한 변명을 함

b. 행동 방면 : 부적. 인식-행동-인식의 순환, 어려운 상황 형성

꼬리표 붙이기의 세 가지 형식

a. 색안경을 끼고 남에게 붙이기 : 관계가 점점 멀어짐(예 : 팀장은 나를 싫어해)

b. 판사가 되어 키워드에 붙이기 : 키워드 이면의 원인을 보지 못함(예 : 거짓말하는 아이)

c. 등잔 밑이 어둡다-자신에게 붙이기 : 변화에 걸림돌이 되고 피해가 가장 큼(예 : 나는 양자리여서 말이 직설적이다)

꼬리표를 뜯어내고 진실을 보라

방법 : 꼬리표 뜯기

a. 리스트 나열 : 다섯 개의 형용사, 그중 한 가지 고르기

b. 기억의 질문 : 가설법. 꼬리표 이면의 구체적인 요구사항이 무엇인지 보기

c. 구체적인 묘사 : 평가가 제외된 묘사, 변화에 방향 제시

d. 예외 관찰 : 반증법. 꼬리표를 통해서 보는 것 외에도 더 많은 가능성이 있음

사례 종합: 꼬리표를 떼고 진실을 보라(예: 주의력 결핍 과잉행동 장애 사례)

도대체 우리는
왜 이렇게
불안해하는 것일까

- 불안 관리

생각할수록 더 불안하고
불안할수록 더 생각난다

우리가 살고 있는 이 시대는 생기가 넘치고 놀라울 정도로 효율적이지만, 사람들 마음 깊은 곳에 숨어 있는 불안이 공존한다. 사람들은 마치 신분·돈·계층 등에 대한 불안에 인질 잡힌 삶을 살아가는 듯, 일상생활의 아주 작은 선택일지라도 이러지도 저러지도 못하며 불안해한다.

창업자인 내 친구는 회사의 생존과 발전에 대한 불안감 때문에 잠들지 못하는 때가 종종 있다고 했다. 나에게 "불안해할 필요 없다고 다짐할수록 점점 더 초초해서 견딜 수 없어. 불안을 벗어날 방법이 뭐 없을까?"라며 자신의 상태를 바꾸고 싶어 했다.

이 대목에서 사회심리학자 대니얼 웨그너(Daniel Wegner)의 흰곰 실험부터 얘기해야겠다. 이 유명한 실험에 참가하는 조건은 단 한 가지, 절대로 부드러운 털에 토실토실한 흰곰(당신이 원한다면 당장이라도 테스트할 수 있다)을 생각하면 안 된다는 것이었다.

자, 지금부터 시작이다. 눈을 감고 무엇을 생각하든 다 괜찮다. 단, 포동포동한 흰곰만은 제외해야 한다. 10초, 30초, 1분···. 어떤가? '나는 흰곰을 생각하면 안 돼'라고 생각할수록 흰곰이 온갖 방법으로 당신 머릿속에 나타나지 않는가? 비단 당신 혼자만 그러는 것이 아니므로 외로워할 필요는 없다. 흰곰 실험에 참가한 사람들 중 거의 모든 사람이 매 순간 흰곰을 떠올렸으며, 흰곰 생각을 통제할수록 흰곰이 더욱 '신나게' 떠올랐다. 벗어나기 힘든 순환에 빠진 모습이 마치 우리의 불안과도 같다. 문제 해결을 위해 불안해할수록 문제는 더욱 엉망이 된다. '잘해내야지!'라고 불안해할수록 일이 점점 엉망이 되며, 이 때문에 더 불안해지는 악순환에 빠져 필사적으로 발버둥 친다.

도대체 왜 그럴까?

웨그너의 흰곰 실험 연구결과를 함께 살펴보자. 우리의 대뇌는 각자 임무를 집행하는 두 부분으로 나뉘어 있다. 한쪽은 우리가 '흰곰'을 생각하는 것을 억제하고, 다른 한쪽은 우리가 시도 때도 없이 '흰곰'을 생각하는지 확인한다. 아이러니한 것은, 이 확인이 우리가 '흰곰'을 생각하도록 끊임없이 상기시킨다는 점이다. 이것이 바로 심리학자가 말하는 '관심을 기울이면 강해진다'라는 것이다.

연설할 때도 이와 마찬가지다. 우리는 혹시라도 잘못할까봐 너무 걱정스러운 나머지 연설할 내용 자체가 아닌 자신의 행동에만 관심을 둔다. '무대 아래 관중이 정말 많네. 절대 긴장하면 안 돼'라고 생각할수록 연설에 집중하지 못하고 모든 초점을 마음속 생각에 맞추는 바람에 결국 발표를 망치고 만다.

'현대인의 병'인 불면증도 그렇다. 불면증에 걸린 사람들은 각양각색의 방법으로 불면증에 대응한다. 자기 전에 요가로 스트레칭을 하거나 우유를 한 잔 마시고, 따뜻한 물에 몸을 담그는 등. 이 모든 것은 오늘 밤 자신이 얼른 잠들 수 있게 하는 준비 단계다. 동작을 한 단계씩 진행하면서 '모든 준비를 끝냈으니 이제 잠만 들면 돼'라는 마음가짐으로 잠자리에 눕는다. 10분, 15분, 30분…. '이렇게까지 했는데 왜 잠이 안 오는 거야!' 시계를 볼수록 더 불안해진다. 똑바로도 누워보고 엎드려도 보고 물구나무도 서보고 이어폰을 끼고 노래를 들으며 방 안을 왔다 갔다 하다가 침대에 거꾸로 눕기도 한다. 그러나 잠을 청할수록 잠이 오지 않는다. 눈 뜨고 밤을 지새워보지 않은 사람은 인생을 논할 자격이 없다는 말이 왜 나왔는지 이유를 알 것 같다.

잠은 인간의 타고난 능력인데, 우리는 왜 종종 이런 능력을 잃어버리는가? 자고 싶지만 잠이 오지 않으면 점점 초조해지고 스트레스를 받는다. 견디다 못해 이런저런 방법을 써보지만 그래도 잠이 오지 않아서 스트레스는 더욱 커진다. 이 과정에서 교감신경이 활성화하고 아드레날린이 급상승하면서 정신을 더욱 또렷하게 만든다.

어떤 문제에 관심을 두면 그 문제가 더 엉망이 되는 경우가 종종 있다. 생활에서나 일에서나 이 순환을 벗어날 수 없다.

불안한 마음이
시작되는 곳

그렇다면 이 불안 순환은 어떻게 발생하는가? 자세히 파헤치고 분석한 결과, 이 순환을 초래하는 원인은 세 가지라는 것을 알아냈다. 첫째, 불안에 대응하는 방식이 잘못됐다. 둘째, 이 때문에 주의력이 낮아져서 한 가지만 주시하느라 다른 것을 소홀히 한다. 셋째, 불안이 동작을 변형한다.

나는 '엄마'들의 도움 요청을 자주 받으면서 아이에게 있는 이른바 '문제'에 대해서 극도로 불안해하는 엄마들이 많다는 사실을 알았다. 선선이라는 회원에게는 막 유치원에 들어간 아들이 있다. 며칠 전 선선은 "정말 죽겠어요. 아들이 욕을 배웠는데, 하필 유치원 가족 참여수업 하는 날 친구들이랑 놀다가 갑자기 욕을 해버렸지 뭐예요. 그 자리에 있던 다른 학부모들의 눈길에 정말이지 쥐구멍에라도 숨고 싶은 심정이었어요"라고 흥분하며 말했다.

내가 "그럼 어머니는 어떻게 하셨나요?"라고 묻자 "당연히 아들을 호되게 혼냈죠. 그런데도 오히려 아이가 욕하는 데 재미를 붙였어요"라고 대답했다.

엄마가 문제를 해결하느라 혼신의 힘을 다하는데도 왜 아이는 더 부지런히 욕을 하는 걸까? 이것이 바로 '관심을 두면 더 강해지는' 경우로, 불안은 문제를 더욱 심각하게 만든다.

나는 어떤 운영부장과 파트너로 일한 적이 있었다. 그녀는 여러 방면에 두루 우수했지만 데이터에는 둔감했다. 나는 '운영부장이 어떻게 데이터에 둔감할 수 있을까' 생각하면서도 젖 먹던 힘까지 내서 그녀의 약점을 보완하려고 했다. 그녀와 많은 대화를 나누면서 데이터의 중요성을 끊임없이 강조했는데도 효과가 없기에, 아예 운영에 관련된 교과과정을 신청해서 배워보게 했다. 그런데 한 달이 지나도록 발전하기는커녕 업무 상태까지 날로 나빠졌다. 어리둥절해진 나는 그녀와 깊은 이야기를 나눠보았다.

그러자 문제가 조금씩 드러났다. 그녀는 내가 데이터 민감성을 중요시한다는 사실을 알고 자신도 그 방면의 능력을 키우고 싶어 했다. 그런데 긴장한 나머지 재무제표를 볼 때 몇 번이나 살펴봤음에도 분명 어딘가 계산이 틀렸을 거라고 생각했다. 게다가 나는 그녀가 다른 방면에서 아무리 잘해도 거의 보지 못하다가 데이터 문제만 나오면 꽉 붙들고 놓아주지를 않았던 것이다. 여기에서 비롯된 좌절감 때문에 그녀의 전반적인 업무 효율이 떨어졌다.

그제야 나는 내 주의력이 거의 불안으로 뒤덮이는 바람에 시야가 아주 작은 점 위로 압축되었다는 사실을 깨달았다. 동료가 제때 일깨워주지 않았더라면 아마 내 동작도 점점 변형되었을 것이다.

오전 10시, 회사 동료 뮤리가 헐레벌떡 책상으로 달려와 가방을 내려놓을 새도 없이 컴퓨터 전원을 켰다. 오늘 반드시 제출해야 하는 기획안이 있었기 때문이다. 고객이 제시한 데드라인이 바로 오늘 밤이었다. 옆자리 동료가 "시간 있으면 나 좀 도와줄 수 있어?"라고 물었지만 뮤리는 고개도 들지 않고 "나 바빠. 나 오늘 죽음의 날이야"라고 대답했다.

뮤리는 30분이 지나자 스트레스 좀 풀어야겠다며 의자에 퍼질러 앉아서 5분 동안 쉬기로 한다. 쉬는 김에 SNS 어플을 열었더니 금세 30분이 흘렀다. 뮤리는 끝내지 못한 기획안이 마음에 걸려 조금 초조해졌다. 그러나 손가락 끝은 SNS상의 여러 친구들과 채팅을 하고 있었다. 그렇게 한 시간이 지났다. 곁을 지나가던 동료 두 명이 같이 밥 먹으러 가자고 불러서야 점심시간이 된 것을 깨달았다. 약간 멘탈이 붕괴되는 듯했다. 원래 계획대로라면 오전에 적어도 절반은 끝냈어야 하는데!

뮤리는 동료에게 "기획안을 아직 못 끝냈는데 내가 밥 먹으러 갈 시간이 어디 있어. 너희끼리 다녀와"라며 퉁명스레 말했다. 동료들은 줄줄이 밥을 먹으러 갔고, 뮤리는 컴퓨터 앞에서 2

분간 멍하니 있다가 휴대폰을 열어 배달 음식을 주문했다. 메뉴를 고르며 "짜증 나 미치겠네. 귀찮은 일이 뭐 이렇게 많아"라고 중얼거렸다.

퇴근시간을 앞두고 동료가 "기획안 아직 안 끝났어?"라고 묻자 뮤리는 거의 제정신이 아닌 상태로 "됐어, 먼저 가. 오늘 밤을 새워서라도 마치고 말 테니까!"라고 말했다. 이때 뮤리의 엄마한테서 전화가 걸려왔다. "뮤리야, 퇴근했니? 저녁밥 잘 챙겨 먹어라"라는 엄마의 말에 하루 동안 쌓인 초조함이 폭발하고 말았다. "진짜 짜증 나게! 내가 밥 챙겨 먹는 거 모를까봐. 바빠 죽겠는데 귀찮게 좀 하지 말라고!" 이렇게 퍼붓고는 전화를 끊었다. 기분이 저 밑바닥까지 추락했다. 모니터상의 기획안은 고작 몇 페이지밖에 진도가 나가지 않았다.

봤는가? 뮤리는 중요한 기획안을 제시간에 작성하고 싶지만 제대로 되지 않아서 불안하다. 그러나 그의 불안은 일의 순조로운 진행에 도움이 되지 못하는 듯하다. 오히려 그는 기획안 작성에 집중하지 못하고 SNS, 전화 통화, 간식 먹기, 배달 음식 주문하기처럼 불안감을 잠시 완화해줄 수 있는 일을 한다. 이 과정에서 시간은 똑딱똑딱 흘러가고 그의 불안지수는 솟구치며 행동은 점점 이성의 통제를 벗어나서 결국 기획안을 제시간에 끝내지 못한다. 불안 순환에서 그의 동작은 계속 변형됐다.

대응 방식이 잘못되고 주의력이 낮아지며 동작이 변형되는 사례를 통해서 불안이 일을 어떻게 점점 망치는지 살펴보았다.

그렇다면 어떻게 해야 할까?

선선은 "아이가 욕을 하게 놔둘 수는 없잖아요? 내가 상관하지 않았다가 만일 아이가 버릇없는 아이로 자라면 어떻게 해요?"라고 말할 것이다. 나도 운영부장이 계속 데이터에 둔감하게 내버려둘 수는 없지 않은가? 만일 데이터가 틀려서 큰 실수를 하면 그때는 어떻게 하나?

이런 일들에 대해서 우리가 불안해하는 이유는 분명 우리에게 아주 중요한 문제이기 때문이다. 그러니 상관하지 않을 수 있겠는가.

그렇다면 어떻게 해야 할까?

불안의 악순환을 이기는 법 I: 주의력 전환

지금 직면한 가장 큰 어려움은 불안을 인정하든 인정하지 않든 불안 자체를 강화한다는 것이다. 우리는 실로 불안에 너무나 '집중'하고 있다. 이왕 이렇게 됐으니, 이 '집중'을 어떻게 무너뜨릴지 함께 보도록 하자.

'방향 재설정 이론'에서는 한 방향에서 관심을 늘리든 줄이든 간에 최종적으로는 관심이 강해지기 때문에, 새로운 자극을 끌어들여 기존 주의력의 방향 설정을 방해하는 것이 더 좋은 방법이라고 말한다. 이 자극의 가중치가 높을수록 기존 주의력의 방향 설정에 대한 방해 효과가 좋다. 쉽게 말해 관심을 돌려 다른 일에 집중하게 하는 것이다.

자세히 살펴보면 우리가 불안해하는 이유는 더 나은 일과 생활을 누리고 싶기 때문이다. 그런데 왜 마지막에는 불안에 사로잡혀 더 나은 생활을 영위하지 못하는 걸까?

그렇다면 관심을 불안한 문제에서 '더욱 의미 있는 일'로 돌려보면 어떨까. 불면증을 예로 들어보자. 나에게 불면증을 치료할 묘수가 있다. 잠을 이루지 못할 때 '잠을 자야겠다'는 생각을 버리고 하룻밤의 잠보다 더 중요하고 더 의미 있는 일이 없는지 떠올려보는 것이다. '보고 싶은 영화들도 저장해뒀고, 마무리하지 못한 그림도 있고, 회사에 제출하기로 한 기획안도 있는데! 탁자 위에 올려둔 저 책도 몇 페이지밖에 못 읽었네. 우선 책을 읽자. 낮에는 너무 바빠서 오랫동안 독서로 재충전할 시간이 없었어.' 그 결과, 책을 읽다가 잠이 든다.

다른 사람의 문제 때문에 불안한 경우라면 어떻게 해야 할까? 앞에서 언급한 '아이가 욕을 한다'를 예로 들어보자. 아이가 성장하는 과정에서 아이의 창의력, 사랑하는 마음, 관찰력, 상상력 중에 아이의 욕보다 덜 중요한 것이 과연 무엇일까? 아이가 말하는 새로운 단어를 듣는 일, 함께하는 새로운 놀이, 설령 오후 내내 아이와 함께 풀숲에서 개미가 이사하는 모습을 보는 일이더라도, 엄마는 아이가 했던 욕을 충분히 잊을 수 있다.

이 방법을 통해 관심을 문제에서 다른 곳으로 돌려보자. 관심을 더 중요하고 더 의미 있는 일로 돌리면 우리를 '꽉 붙들고' 있던 그 일들이 사실 생각했던 만큼 그렇게 중요하지는 않다는 점을 깨닫게 된다.

불안의 악순환을 이기는 법 2 : 최악의 결과 리스트 작성하기

이번엔 '최악의 결과 리스트'를 알아보자. 원리는 심리학의 노출요법에서 나온 것인데, 어차피 관심을 돌릴 방법이 없다면 정면으로 맞서 펜을 들고 최악의 결과를 적어 보자는 것이다.

전형적인 사례를 소개하겠다. 무멘이라는 회원에게는 초등학생 딸이 있는데, 갑자기 딸이 한동안 자다가 오줌을 싸자 불안해졌다. '딸이 초등학교에 적응을 못 하나? 아이가 병에 걸렸나?' 이런 생각에 그녀는 아이에게 재차 "초등학생씩이나 됐는데 자다가 오줌을 싸다니 너무 창피하다"라고 말했다. 그 결과는 참담했다. 딸이 오줌 싸는 횟수가 더 많아진 것이다.

우리 팀의 심리학자가 "만약 딸이 앞으로도 계속 오줌을 싼다면 어떻게 하실 건가요?"라고 묻자, 무멘은 "그건 절대 안 되죠. 장마철이라 침대 시트를 자주 바꿀 수도 없는 노릇이고요"라고 대답했다. 여기까지 들은 심리학자는 무멘에게 "침대 시트 10

장을 준비하고, 딸에게 '침대 시트를 충분히 준비해뒀으니까 오줌 싸도 괜찮아' 이렇게 말해보세요"라는 아이디어를 제시했다. 그리고 가족과도 미리 말을 맞춰서 아이에게 신경 쓰지 마라, 별일 아니다, 어쨌든 침대 시트를 충분히 준비해뒀으니 안심하고 자도 된다고 말하게 했다. 무멘은 집으로 돌아가 심리학자가 시킨 대로 했다. 그러고는 한밤중에 바스락대는 소리에 눈을 떠보니 아이가 예전처럼 화장실에 가서 볼일을 보고 있었다.

방법이 왜 그렇게 효과적이었을까? 딸이 오줌 싸는 행동은 그저 우연한 일에 불과했는데, 엄마가 끊임없이 관심을 두자 무의식중에 가족의 불안을 강화했다. 심리학자가 제시한 '최악의 결과 리스트'는 정반대 방법으로 접근한 것이다.

이 사례에 탄력을 받은 나는 운영부장의 문제를 다시 생각해 보았다. 그녀가 데이터에 둔감해서 벌어지는 최악의 결과는 누락되는 데이터가 나올 수 있다는 것이다. 대처법이 있는가?

당연히 있다. 나는 운영부장에게 숫자에 매우 민감한 보조를 배정해줄 수 있다. 이 보조는 그녀를 도와 세부적인 일을 분담할 수 있다. 그렇게 하면 운영부장이 더 많은 에너지로 전체를 보면서 자원 관리 능력, 집행력 같은 자신의 잠재력을 발휘할 수 있게 된다. 나는 가장 작은 약점만 주시하다가 전체적인 강점을 소홀히 했고, 하마터면 인재를 놓칠 뻔했다.

불안의 악순환을 이기는 법 3 :
문제를 장점으로 만들라

더욱 고차원적인 '불안 관리'는 불안을 없애는 데서 그치지 않고 폐물을 보배로 만드는 것처럼 불안을 당신의 조력자가 되게 한다. 심리학의 매우 특수한 치료방법인 '역설적 개입'을 사용하면 문제를 이용하도록 도울 수 있다. 즉 당신이 불안해하는 문제를 반대로 당신의 자원이자 장점으로 만드는 것이다.

전에 나는 세일즈 교육에서 이런 이야기를 들은 적이 있다. 어느 젊은 여성이 회사에 면접을 보러 갔다. 사장은 그녀를 면접하고는 채용하고 싶어졌다. 그런데 그녀에게는 한 가지 문제가 있었으니, 긴장을 하면 말을 더듬는 것이었다.

그녀는 "저는 어쩌면 세일즈를 하기에는 적합하지 않을 수 있어요. 낯선 사람과 말을 하려면 긴장이 되는데, 그러면 말을 더듬어서 고객에게 제품을 소개할 엄두가 나지 않거든요"라고 했다. 그런데 그녀를 인솔한 선배는 오히려 "아주 자연스럽게 말을 더듬네. 좋아!"라고 했다.

선배는 "첫째로, 고객의 관심을 끌 수 있잖아. 고객들은 이 판매원이 특이하다고 생각할 거야. 둘째로, 말을 더듬으면 제품을 진짜 살 의향이 있는 고객은 당신이 하는 말을 더 열심히 들어야만 알아들을 수 있지. 당신 대신 말하고 싶어서 안달이 날 때도 있을 거야. 이렇게 하면 당신 의견에 더 쉽게 귀 기울이겠지. 말을 청산유수처럼 하는 판매원은 뭔가 노리는 게 있지만 당신처럼 더듬더듬 말하면 오히려 솔직하다고 생각하는 사람들도 있다니까. 이것보다 조금 더 더듬는 것도 나쁘지 않겠어"라고 했다.

이런 해석이 있을 수 있다니! 선배가 농담을 한다고 생각한 그녀는 "서… 선배님, 진…심…이세요?"라고 물었다.

선배는 "당연하지! 전에 판매원 두 명이 책을 팔았는데, 그중에서 말을 약간 더듬는 판매원이 더 잘 팔았어. 왜 그런지 알아? 그 판매원은 책을 들고 고객한테 '고…고…객…님이 지…직…접… 사…사…시겠어요? 아…니…면 제…제가… 하…한번 이… 읽…어드…드…릴까…요?'라고 하자 놀란 고객이 서둘러 책을 사 갔거든"이라고 했다.

문제를 극복하고자 할 때는 그것이 마치 영원히 해결되지 않을 악몽처럼 느껴지지만, 그 문제를 장점으로 바라보게 되면 반대로 이를 유지하기가 그렇게 쉽지만은 않다. 이것이 바로 우리가 말하는 역설이다. 그것을 붙잡거나 붙잡지 못하거나 모두에게 좋은 일이라고 생각하면 마음이 가벼워지지 않겠는가?

나는 경영학의 대가 피터 드러커가 한 "성공하는 리더의 머릿속에는 문제가 아닌 기회가 채워져 있다"라는 말을 좋아한다. 당신이 보는 것이 무엇인지를 본다는 것이다.

마지막으로, 웨그너의 흰곰 실험을 다시 떠올려보자. 실험에 참여했던 사람들이 언제부터 더 이상 흰곰을 생각하지 않았을까? 한번 맞혀보자. 아마도 벌써 정답이 떠올랐을 것이다. 그렇다. 웨그너가 "좋습니다. 실험이 끝났으니 여러분은 이제 나가셔도 됩니다"라고 말하자 사람들은 실험실을 나가 점심으로 무엇을 먹을지 얘기하면서 '흰곰'은 아주 자연스럽게 잊어버렸다.

우리가 문제를 '문제화'할 때 빠른 해결에 도움이 되는 경우가 있다. 그러나 문제를 '문제화'할수록 문제가 더 심각해지고 더 풀리지 않는 정반대의 상황이 더 많다. 정말 어처구니없는 일은, 우리가 문제 해결을 시도하는 방식이 문제를 더욱 심각하게 만들기도 한다는 것이다.

그러므로 당신이 이런 악순환에 빠졌을 때는 이번 장에서 소개한 방법을 사용해보면 스스로 멈추는 데 도움이 될 것이다. 불안을 관리하는 가장 좋은 방법은 멈추기다. 멈춰서 불안이 구획한 그 악순환을 벗어나 더 크고 더욱 풍성한 생활을 향해서 가라. 걷고 또 걷다가 다시 뒤를 돌아보면 문득 당신을 괴롭혔던 불안이 당신의 풍성한 생활 속에서 아무도 모르는 사이에 사라졌다는 사실을 깨달을 것이다.

이 장의 내용을 돌이켜보며 자신과 심적인 대화를 나눠보시오.

1. 당신은 어떤 일 때문에 불안감을 느끼는가? 진정으로 두려운 결과는 무엇인가? 이런 결과에 대응하기 위해서 지금 어떤 준비를 할 수 있나?

_____

_____

_____

2. 역발상의 관점에서 생각해볼 때 당신을 불안하게 하는 이 문제에 다른 가치는 없는가? 당신에게 어떤 좋은 점을 가져다줄 수 있는가?

_____

_____

_____

_____

5장 불안 관리

```
┌─────────────────────┐
│      불안한 문제      │
└─────────────────────┘
```

a. 불면증, 잠이 안 오면 어떻게 하지?   c. 아이가 욕을 하는 것을 어떻게 해야 하나?

b. 기획안 작성이 급한데 인터넷 쇼핑을 멈출 수가 없어!   d. 새로 온 운영부장이 숫자에 둔감해?

⇩

흰곰 실험
흰곰을 생각하지 말자고 강조할수록
흰곰이 생각남

유사 사례 : 일을 잘하려고 할수록 일을 더
　　　　　　 망치게 됨

⇨ **불안=**
　　관심을 기울이면 강해짐

⇦ **'존재 부정 시도'='존재 강조'**

관심의 결과 : 시각이 편협해지고 행동이 변형됨

강조의 결과 : 일이 더 엉망이 됨

⇩

```
┌─────────────────────┐
│      해결 방법        │
└─────────────────────┘
```

◆ 방향 재설정 이론 : 더 의미 있는 일에 관심을 둠	불면증으로 잠이 오지 않으면 책을 읽거나 기획안을 작성해봄 아이는 자신이 욕한 것을 전혀 생각하지 못함, 단지 당신이 과도하게 관심을 쏟는 것
◆ 노출 요법 : 최악의 결과 리스트를 작성함	최악의 결과를 상상하고 준비하며 최악의 결과에 도달함 운영부장이 숫자에 둔감하여 발생하는 최악의 결과는 누락 발생 가능성 운영부장에게 조수를 붙여줌
◆ 역설적 개입 : 문제 이용	긴장하며 말을 더듬는 판매원이 상대방의 주의를 더 끌 수 있음

상대를 활용할 것인가,
이용당할 것인가

- 잠재력 관리

왜 나는 늘 남 일까지
하고 있을까

경영학의 대가 피터 드러커는 경영에서 "오직 강점으로만 탁월함을 진정으로 실현할 수 있다"고 했다. 이는 우리가 우수한 직원과 좋은 파트너를 필요로 하는 이유다. 그런데 "사람은 한 명 더 늘었는데 나는 왜 오히려 더 피곤한 걸까?"라며 탄식하는 관리자들을 많이 봤다.

다음은 하나의 기획안이 세 번 번복되는 경우로, 직장에서 흔히 발생하는 상황이다.

Ⅰ라운드

샤오왕 : 사장님, 행사 기획안 다 준비했습니다. 보시죠.

사장 : 음…. 샤오왕, 이 주제는 안 돼. 주제가 핵심이기 때문에 먼저 주제를 잘 선정해야 한다고. (사장 OS : 요즘 젊은이들은 이런 시스템을 전혀 이해하지 못하니까 내가 하나하나 가르쳐줘야 성장할 수 있어.)

2라운드

샤오왕 : 사장님 의견대로 기획안을 수정했으니 다시 한 번 보십시오.

사장 : 어휴, 이 주제 선정도 잘못됐어. 너무 평범해.(사장 OS: 내 부담을 좀 덜고 싶어서 경력자를 뽑았는데 이게 뭐야. 벌써 두 번째인데도 이렇게 고쳐놓다니, 정말 할 말이 없네.)

3라운드

사장 : 샤오왕, 어휘 선택도 내가 알려줘야 하나? 전에 작성해 본 적 없어? 도대체 어쩔 작정인가. 곧 행사가 시작될 텐데 문서도 아직 작성하지 못했다니. 됐네, 됐어. 우선 여기 놓게.(사장은 한숨을 내쉬면서 셔츠 소매를 걷어 올리고는 잔업을 해가며 기획안을 수정한다.)

자세히 살펴보면 몹시 지친 관리자 곁에 있는 사람들은 하나같이 '힘이 없고', 계속해서 에너지를 흡수하긴 하지만 결과적으로는 이것도 안 되고 저것도 못 하고 있다. 그에 반해 관리자는 소방대원처럼 발등에 불 떨어진 긴급 상황이라는 생각으로 여기저기 불을 끄러 다닌다. 이렇게 하루하루 지내다 보면 정말로 심신이 피폐해진다.

사장은 도대체 어떻게 해야 덜 피곤해질 수 있을까? 어떻게 해야 직원들이 자기 일을 스스로 처리할 수 있을까?

행동이 굼뜬 신입사원은 정말로 잘하는 게 전혀 없는 것처럼 보인다. 그렇기 때문에 우리가 몸과 마음을 다 바쳐 그들을 도우면서, 어떻게 해야 내가 덜 피곤하고 어떻게 해야 그들 스스로 능력을 갖출 수 있을지 잔소리를 하는 것이다. 더 이상 소방대원이기를 거부한다면 우선 시각을 전환해야 한다. 그들이 능력이 없는 것이 아니라 당신이 그들의 능력을 전혀 보지 못하는 경우가 많다. 직원이 제출한 기획안은 별 볼 일 없는데, 어째서 내가 그들에게 있는 능력을 보지 못한다는 것인가? 우선 대자연의 이야기를 함께 보도록 하자.

초원에서 여러 동물들이 자유롭게 뛰놀고 있는데, 갑자기 사나운 사자가 토끼를 뒤쫓는다. 당신의 첫 반응은 무엇일까? 대다수 사람들은 "토끼가 너무 불쌍해! 얼른 좋은 방법을 생각해서 사자를 쫓아버리고 저 토끼를 구해야겠다"고 할 것이다.

바로 여기에 핵심 포인트가 있다. 우선 기다리고 그 도움의 손길을 멈춰라.

토끼는 잡아먹힐 수도 있지만, 이런 종(種)은 이미 자신의 유전자를 수천수만 개나 복제해놓았다. 토끼는 뛰어난 번식능력 덕분에 초원에서 쉬지 않고 태어난다. 만약 사람들이 사자를 쫓아버리면 사자는 굶어 죽을 것이고, 토끼는 지나친 수준까지 대량으로 번식할 것이다. 초원 입장에서는 재난이라 할 수 있겠다.

생태계에서 천만년을 존재해온 종에게는 분명 자신만의 존속 방법이 있다. 이에 반해 환경에 적응하지 못한 생물들은 우리 눈에 보이지 않는다. 일찌감치 도태되었기 때문이다. 이런 논리로 바라보면, 우리 앞에 나타나는 모든 종은 자신만의 생존 방식에 힘입어 이 세상에 적응한 것이다.

우리 인류도 마찬가지로, 살아남은 모든 것은 자신만의 방식에 따라 주변 환경에 적응한다. 성인 한 명이 입사했다는 것은 업무 경험 유무를 막론하고 이미 몇십 년을 살아왔고 면접에 통과해서 회사에 들어온 것이기 때문에, 틀림없이 환경에 대응할 자신만의 방법이 있다는 것과 마찬가지다.

이는 어른에게만 국한되지 않는다. 어른이 봤을 때 약하고 힘없는 아이도 사실 똑같다. 세상에 태어나면 아기는 이렇게도 해보고 저렇게도 해보면서 여러 행동을 통해 사회의 원칙을 탐구하고 모색한다. 행동별로 발생하는 각기 다른 결과가 바로 이 세상이 아이에게 주는 피드백이다. 나쁜 행동을 하면 '벌'을 받는다. 이를테면 무작정 빨리 달리다가 돌부리에 걸려 넘어지면 아픔을 느끼기 때문에 다음에 뛸 때는 조심해서 걸림돌을 피하게 된다. 이와 반대로 좋은 행동을 통해 '달콤함'을 맛본 아이는 그 행동을 꾸준히 유지한다. 이렇게 시간이 흐르면서 아이는 지금 환경을 어떻게 상대해야 할지 알게 된다. 이처럼 부하 직원이든 아이든 모두 그들만의 독특한 능력을 지니고 있다.

그렇다면 상사나 어른들은 왜 부하 직원과 아이의 이런 능력을 제대로 못 보는 것일까?

자꾸만 상대를 무시하고 인정하지 못할 때

우리는 엄마들을 대상으로 길거리 테스트를 진행했다. 테스트에 참여한 엄마들은 자기 아이가 괴롭힘을 당하면서도 반격하지 못하고 있을 때 가만히 관찰하기만 했다. 테스트를 마친 엄마들은 예상 밖의 결과에 '새로운 모습을 보았다'는 반응을 보였다.

상황1 : 우리 애는 울 줄밖에 몰라요. 그런데 조금 있다가 선생님이 아이가 우는 소리를 듣고 아이 쪽으로 오지 뭐예요. 그러더니 선생님이 지켜보는 앞에서 자기 장난감을 되찾아오더라고요.

상황2 : 자기를 괴롭힌 애를 피해서 그림 그리러 가더라고요. 그리고 다른 친구랑 아주 재미있게 그림을 그렸어요.

상황3 : 우리 아이가 자기 트랜스포머 장난감을 다른 친구랑 바꿀 줄을 알더라고요. 그렇게 좋은 방법이 있는지 몰랐어요.

상황4 : 우리 애는 장난감 뺏어간 아이랑 의논해서 각자 2분씩 갖고 놀기로 하더라고요.

상황5: 계속 거기서 다른 애들이 갖고 놀지 않을 때까지 기다리다가 혼자 장난감을 갖고 오더라고요.

뜻밖이지 않은가. 만일 부모가 나서지 않으면 아이에게는 아이만의 세상이 있다는 것을 알 수 있다. 그들 자신만의 생존 방식이 존재한다.

나도 내 아들을 자세히 관찰해본 적이 있다. 하루는 놀이시설에서 누가 내 아이의 장난감을 빼앗기에 내가 나서서 도와줘야 하나 싶어 머뭇거렸다. 그런데 '내성적인 성격'의 소유자였던 아이가 뜻밖에 고개를 휙 돌리고는 더 이상 놀지 않더니 혼잣말로 "다른 장난감 가지고 놀려고 했는데"라며 다른 곳으로 가버렸다. 이것도 일종의 대응 수단이라는 것을 나는 처음 깨달았다. 기어코 그 장난감을 지키는 것만이 좋은 선택이 아니며, 포기하는 것이 지혜로운 선택일 때도 있다.

'보기' 전까지만 해도 우리는 아이들은 너무 힘이 없기 때문에 절대 스스로를 보호할 수 없다고 생각했다. 그렇다면 도대체 무엇이 우리가 다른 사람의 능력을 '보지' 못하게 막는 걸까? 눈을 감은 채로 머릿속으로 뒤로 가기 재생 버튼을 누르고 상상해보자. 아이들에게도 자기만의 세계가 있고 저마다의 방식이 있다는 점을 발견하기 전에 우리는 무엇을 했는가?

우리는 직접 개입했다. 우리는 직접 개입해서 아이를 보호하느라 아이의 능력을 보지 못했다.

개입하는 또 다른 방식은 작업 단계를 직접 제시하는 것이다. 앞에서 말한 신입사원을 데리고 온 팀장이 "이렇게 하면 안 돼. 1, 2, 3단계에 따라서 이렇게 해야 해" "됐어. 내가 할게"라고 말하는 것처럼 말이다. "내가 할게"의 다른 의미는 '네가 이 일을 해도 사실 소용없어. 어차피 내가 다 바꿔놓을 거니까'다. "1, 2, 3단계에 따라서"는 '너는 생각하지 마. 그냥 내가 하라는 대로만 하면 돼'라는 뜻을 전하는 것이다.

이런 개입 방식을 쓰는 것은 한 편의 영화를 보는 것과 같아서, 일단 마음에 들지 않는 장면이 나오면 바로 나가기 버튼을 눌러버린다. 그런데 이렇게 하면 이어지는 발전이 없는데 그의 능력을 제대로 볼 기회가 또 있을까?

어느 심리학자가 이런 얘기를 들려준 적이 있다.

12살짜리 남자아이가 있었다. 언제나 화를 내고 물건을 던져서 정서인지 장애 진단을 받았다. 아이의 부모는 여기저기 의사를 찾아다녔다. 하루는 아이를 데리고 유명하다는 정신과 의사를 찾아갔는데, 심리 상담실에서 아이가 또 발작을 했다.

그때 아이의 부모는 아이를 꾸짖는 동시에 달려들어서 아이를 상담실 밖으로 끌어낼 준비를 하고 있었다. 그런데 의사가 부모를 저지하고는 상담실에서 나가달라고 했다. 의사는 상담실 문을 닫고 가만히 그 아이를 바라볼 뿐 아무것도 하지 않았다.

아이는 또 유리컵을 들어 아래로 내리치려다가 그 순간 의사를 힐끗 보았다. 의사가 꼼짝하지 않는다는 것을 알아차린 그 순간 아이에게 변화가 나타났다. 컵을 든 손이 허공에서 잠깐 멈칫하더니 컵을 도로 내려놓는 것이 아닌가. 그러고는 "죄송합니다"라는 한마디와 함께 한숨을 내쉬면서 주섬주섬 자기 옷을 챙기고 안경을 주웠으며 소파의 천을 다시 잘 깔았다.

평정을 되찾은 아이는 정말 얌전했다. 조금 전까지 통제가 불가능했던 그 녀석이라고는 믿기 힘들 정도였다. 의사는 문득 이 아이가 방금 던졌던 물건들이 모두 깨지지 않는 것들이라는 점을 발견했다.

의사가 자신이 발견한 점을 부모에게 얘기하자, 그들은 그 말을 믿을 수 없었다. 부모 눈에 아이는 항상 통제 불가였기 때문에 서둘러 제지해야 했고, 그러지 않으면 수습이 불가능했기 때문이다. 그런데 상담실에서 아이의 다른 면을 보게 되었다. 아이에게는 자신만의 선이 있었던 것이다. 고개를 돌려 의사를 봤을 때 의사가 아무 반응을 보이지 않자, 아이는 자신을 통제할 사람은 자신밖에 없다는 사실을 깨달았다. 자신을 위해서 책임져줄 사람이 없었기 때문이다. 만일 의사의 도움이 없었다면 아이의 부모는 아이의 이런 면을 영영 발견하지 못했을 것이다.

아이가 첫 번째 물건을 던졌을 때 부모가 재빨리 나서서 막은 이유는 아이에게 자신의 성격을 통제할 능력이 없다고 '굳게 믿었기' 때문이다.

참견하지 말고
일단 지켜볼 것

능력 발견의 1단계는 자신의 손을 통제해서 그(부하 직원)가 스스로 하게끔 하는 것이다. 간단해 보이지만 실천에 옮기려면 만만치 않다. "그가 실수해도 그냥 보고만 있으라고요?" "마음이 놓이지 않아요." "무슨 일이 생기는 건 아닐까요?" 그렇다면 어떻게 해야 할까? '침묵 관찰법'을 시도해보자.

업무적인 측면에서 분명 방법이 있는데 신입 직원에게 말해주지 않는다고? 해결할 수 있는지 없는지 보면서 기다리라고? 나도 예전에는 그렇게 생각했다. 10년 전 내가 직장에 갓 입사했을 때는 정말이지 속수무책이었다. '나는 경험이 없으니까' '이끌어주는 사람이 있어야 해' '방법이 있었다면 내가 벌써 했겠지' 이런 생각 때문에 자신감이 결여되고 업무에서도 특별히 좋아질 기미가 보이지 않았다. 팀장과의 '짜릿한' 8분간 대화가 있기 전까지만 해도 말이다.

나 : 팀장님, 이번 신간도서 발표회 행사 기획안을 다 작성했는데 좀 별로인 것 같아요. 그런데 딱히 새로운 아이디어가 떠오르지 않네요. 팀장님이 한번 봐주시겠어요?

팀장 : (기획안을 살펴보고) 우리가 왜 이번 행사를 진행한다고 생각하지?

나 : 신간도서를 더 많이 판매하기 위해서입니다.

팀장 : 몇 권이나 팔 거지?

나 : 그건 아직 생각해본 적이 없어서….

팀장 : 그럼 지금 생각해봐.

나 : 대략 만 권입니다.

팀장 : 좋아. 지금 만 권 판매를 목표로 해보자고. 그럼 어떻게 해야 하지?

나 : 저는 더 다양한 판매 루트를 찾을 겁니다.

팀장 : 그리고 또?

나 : 또요…? 팀장님, 제가 잘 이해하지 못하겠는데 힌트 좀 주시면 안 될까요?

팀장 : 분명히 말해두겠는데, 나한테는 아무 방법도 없어. 당신이 이번 행사의 책임자고 오늘이 첫 출근도 아니니까 지금 다섯 가지 방법을 생각해봐.

나 : 그게…. 유명 인사들을 섭외하거나 작은 선물을 드리는 것도 괜찮을 듯하고, 또…. 진짜 생각이 안 나요.

팀장 : 당신은 다른 행사를 기획한 경험이 있잖아. 반드시 다

른 방법을 생각해내리라 믿어! 이제 세 개 남았어.

나 : 음…. 아, 현장에서 작가와 독자의 만남을 기획해 독자들이 널리 알리게 하는 거예요. 행사 시작 전에 협회랑 연합해서 인터넷을 통해 사람들을 모집하고….

팀장 : 그것 봐, 방법이 얼마나 많아.

그전에는 나한테서 이렇게 많은 방법이 나올 수 있다는 것을 깨닫지 못했다. 나는 신입 직원이니까 사장이 나한테 아이디어를 주리라고만 생각했기 때문이다. 그러나 실질적으로는 나 스스로가 '보는' 그 길을 원천봉쇄했던 탓이다. 나는 팀장과 대화하면서 업무를 대하는 사고방식이 달라졌다. 그 후로는 까다로운 문제에 직면할 때마다 스스로에게 "또 어떤 것을 할 수 있지?"라고 묻게 되었다.

어떤 관리자들은 "이런 교육방식 괜찮네요. 그런데 내가 개입하는 건 일이 너무 급해서인 경우가 많기 때문에 부하 직원과 이렇게 마음 편히 대화를 나눌 시간이 전혀 없어요. 만일 기한이 바로 내일까지라면 내가 개입하지 않을 수 있겠어요?"라고 묻는다. 물론 기한이 오늘 밤까지라면 두말없이 팀에 들어가 같이 작전을 펼쳐야 한다.

우선 중요한 질문 한 가지를 하고 싶다. "당신은 어쩌다가 당신이 아니면 일이 진행되지 않게 해놓았나요?"

경영학에서는 중요성과 긴급성이라는 두 가지 차원에 따라 모든 일을 '중요하며 급한' '중요하지만 급하지 않은' '급하지만 중요하지 않은' '급하지도 중요하지도 않은'이라는 사분면으로 나눈다. 당신이 중요하지만 급하지 않은 일을 처리하지 않게 되면 중요하면서 급한 일을 계속 처리하는 직장 내 '구조대원'으로 변할 것이라는 경전 같은 말이 있으며, 이는 바로 경영의 금기이기도 하다.

관리자의 가장 중요한 일은 모든 팀의 업무 템포를 관리하고, 모든 팀원이 목표를 확인하고 나누게 도우며, 이행 과정에서 지도와 도움을 제공함으로써 모두 자신의 목표를 달성하도록 돕는 것이다. 중요하지만 긴급하지 않은 일에는 '인재 육성'이 포함되지만 '인재 대체'는 해당 사항이 없다. 많은 관리자들이 인재를 육성한다는 의식이 없고 눈앞의 일만 주시하기 때문에 문제가 발생하면 자신이 손을 댄다. 그러는 시간이 늘어나면 직원은 의존성이 강해지며, '어쨌든 당신을 위해서 일하는 거니까 당신이 책임지겠지'라는 생각 때문에 잠재력을 발휘할 기회가 자연스레 사라진다.

"이 일은 내 일이 아니다. 당신들을 위해서 일한다." 이것이 바로 내가 말하는 생각 문제이자 내가 가장 경계하는 직장에서의 생각이다. 이는 일하는 사람이 단지 일을 끝내기 위해서 끝내는 것일 뿐이며 자신이 맡은 일을 인정하지 않는다는 것을 의미한다. 이런 생각의 틀에서는 주도성과 잠재력을 충분히 발휘할 수 없다.

이것이 바로 우리가 말하는, 생각이 제약을 받는 상황이다. 나는 관리자들에게 "관리는 극도로 섬세해야 하며, 조금이라도 이상하면 절대 지나쳐서는 안 된다"고 말해왔다. 부하 직원을 끊임없이 재촉하고 질책하거나 직접 개입해서 일을 완성하지 말고, 이 시점에 멈춰 서서 무엇이 그의 잠재력을 제약하는지 직원과 함께 살펴보자. 시급해 보이는 일들을 그르칠 수도 있지만, 이는 그럴 만한 가치가 있다.

이것이 내가 이해하는 잠재력 관리다. 빠르지는 않지만 더욱 깊이가 있다.

중요한 것은
손을 멈추고 눈을 뜨는 일

우리가 다른 사람의 능력을 보지 못하는 이유는 참지 못하고 개입하기 때문이다. "난 개입한 적이 없는데도 그에게 아무런 능력도 보지 못했는데요?" 이렇게 말하는 사람도 있다. 이는 아마 손(개입)의 문제가 아닌 눈의 문제일 것이다.

테스트를 해보자. 그림 1에서 무엇이 보이는가?

그림 1

'ICE CREAM IS GOOD'을 보았는가? 사실은 특별한 의미가 없는 대문자 영어 알파벳을 나열한 것이다(그림2 참조).

JGF GPFAM JS CQQD

그림 2

그렇다면 왜 위의 그림 속 글자를 'ICE CREAM IS GOOD'이라고 생각했을까? 그것은 우리가 경험에 따른 '오해'를 했기 때문이다. 경험이 풍부할수록 선입견이 쉽게 생길 수 있다. 능력이 좋을수록 자신의 기준에 따라 이른바 능력을 정의하기 쉽지만, 다른 능력을 볼 가능성을 잃기도 한다. 이것이 바로 '개입'하지 않았는데도 다른 사람에게 방법이 있다는 사실을 볼 수 없는 심층적인 원인이기도 하다. 우리는 항상 내 생각이 옳고 심지어 유일하게 옳다는 눈빛으로 다른 사람을 판단한다.

불교에 지견장(知見障)이라는 설법이 있다. 그중 '장'은 불법 수행에서 '덮다'라는 의미가 있다. 지견장의 의미를 간단히 풀어

보면, 스스로 아는 것이 많다고 여기는 까닭에 봐야 하는 많은 것을 덮어버린다고 해석할 수 있다.

오늘날에는 사회가 점점 다원화하고, 나와는 다른 사람들이 점점 더 많이 나타나며, 점점 더 내 인식을 뛰어넘는 현상들이 발생한다. '유일하게 옳다'고 여겨온 것이 자칫 우리를 구속하는 것이 될 수 있다. 그것은 '완고'한 태도로 우리가 우리와 다른 것을 이해하려는 것을 막는다.

그렇기 때문에 다른 사람의 능력을 보는 2단계는 바로 눈을 뜨고 진정으로 상대를 바라보는 것이다.

이탈리아의 유명한 아동교육가 마리아 몬테소리(Maria Montessori)는 그녀의 저서 《어린이의 비밀(Il segreto dell'infanzia)》에서 다음과 같은 사례를 이야기했다. 당시 레빈 교수는 특수 아동과 정상 아동이 동일한 환경에서 보이는 다른 반응을 식별하고자 심리학 실험에 관한 영화 한 편을 제작했다. 영화에서 첫 번째 조 아이들은 장난감이 가득한 방으로 들어가자마자 바로 형형색색의 장난감에 매료되어 장난감을 들고 놀았다. 다 놀고 나면 또 다른 장난감을 갖고 놀고, 내려놓고는 또 다른 장난감을 들고, 이렇게 쉬지 않고 되풀이했다.

두 번째 조 아이들은 방에 들어가자 어슬렁어슬렁 관찰할 뿐 바로 장난감을 갖고 놀지 않았다. 왔다 갔다 하면서 장난감 주변에 모여 자세히 관찰하고 약간 산만하게 서 있었다. 여기까지 본 대다수 사람들은 그 즉시 당연히 첫 번째 조 아이들이 정상이라고 판단했다. 왜 그럴까? "반응이 민첩하고 바로 놀이에 참여하는 아이가 더 똑똑하다"고 생각했으며, 이런 특징을 즐거움·활발함과 동일시했다. 그러나 두 번째 조 아이들이 정상이었다.

몬테소리는 정상 아동을 다음과 같이 분석했다. 정상 아동들은 조용히 방으로 들어가서 장난감을 보고는 우선 한동안 관찰하면서 놀지 안 놀지를 결정한다. 그들의 행동에는 이성적으로 살피는 특징이 담겨 있다. 그러나 특수 아동은 장난감을 보자마자 집어 들고 놀다가 싫증이 나면 바로 던져버린다. 이런 과정에서 아이들은 아무 생각도 하지 않는다.

많은 사람의 판단이 틀렸다. 우리 스스로가 정의한 능력이나 자신을 속박하기도 한다. 마치 선글라스를 쓴 것처럼 한 가지 색깔만 보이는데, 이 색깔을 '내 생각'이라고 하며 '내 생각'에 부합하지 않는 모든 것은 능력이 없다고 여긴다.

어떤 이들은 '부하 직원이 기획안을 만들 때 내 양식대로 작성하지 않아. 틀림없이 안 좋은 거야' '동료가 내 기준대로 수정하지 않아. 그건 틀린 거야'라고 생각한다. 왜 그럴까? '난 베테랑이니까. 다 겪어봤어' '이런 경험은 나랑 선배가 함께 결론 내린 건데 어떻게 안 좋을 수 있겠어?'라고 생각하기 때문이다.

마음속으로 직원의 점수를 설정하고는 만일 직원이 8점을 해내야 하는데 6점이나 5점밖에 하지 못하면 관리자는 '직원이 8점을 해낼 때까지 그 오랜 시간을 어떻게 기다릴 수 있겠어?'라고 생각한다. 이것이 바로 '설정의 결과'이자 일종의 '내 생각'이다. 만약 우리가 원하는 것이 '내가 요구하는 것과 똑같은 방안'이라는 목표 한 가지라면, 이 설정에서 출발할 경우 내 방식과 조금만 달라도 다른 사람은 5점이나 6점밖에 못 받는다.

당신의 설정은 당신의 시야를 제약할 수 있으며, 더 나아가 당신의 협력 대상을 제약하기도 한다. 그렇다면 당신이 자신의 제약을 내려놓을 때 다른 사람이 10점이라는 것을 발견할 가능성은 없을까? 사장은 독수리라서 "직원이 왜 날지 못하는 거야? 날개를 파닥거려서 날아! 빨리 날아보라고!"라며 조급해하지만, 어쩌면 그 직원은 호랑이여서 나는 방법이 아닌 질주 또는 뛰어오르기로 환경을 정복할 수도 있다.

관리자뿐 아니라 많은 직장인들도 이런 '제약'을 안고 있다. 언젠가 동료와 실적 평가 이야기를 나눌 때였다. 그녀가 처음 보인 반응은 "실적 평가는 무슨 실적 평가? 사장은 어떻게 해서든 내 임금을 깎을 생각뿐인데"라는 부정적인 반응이었다. 그런데 사장은 온갖 궁리로 직원의 임금을 깎기 위해서 회사를 설립한 것인가? 정말 이런 악독한 사장이라면 직원은 어쩌다 사장한테 속아서 이 회사에 들어왔을까? 사실 사장이 진짜로 중요시하는 것은 어떻게 하면 직원들을 격려해서 이상을 실현하기 위해 함께 노력할 수 있는가다. 매달 임금에서 얼마를 깎아야겠다는 것이 아니다. 그러나 직원들은 어떤 상황에서 한 가지 설정만 바라본 나머지 다른 방향을 잊어버리고 많은 불필요한 대립을 낳는 경우가 있다.

이런 부정적인 사고 패턴은 관리자에게서도 자주 발생한다. 분명 직원들이 실망할 만한 일을 했기 때문에 관리자들이 그렇게 생각했겠지만, 그 때문에 일체의 다른 가능성이 사라진다. 그렇다면 '선글라스'를 벗고 진정으로 바라볼 방법은 없을까?

시작하자마자 '그는 소극적으로 태업해' '그는 나에게 맞서' 이런 식으로 결론 내리지 말자. 그러기 전에 상대에게 그리고 자기 자신에게 그들이 어려움을 극복한 방법, 환경을 정복한 수단 등 서로의 다른 점을 볼 수 있는 기회를 줘야 한다.

다시 처음 문제로 돌아가보자. 당신을 필요로 하고 당신보다 못해 보이는 파트너를 대할 때 아직도 피곤하다고 느끼는가?

그렇다면 당신들의 관계가 줄곧 당신은 강하고 그 사람은 약하며, 상대가 당신을 떠날 수 없는 패턴에 놓여 있음을 당신이 알고 있기 때문이다. 그렇다면 왜 이런 관계 패턴에서 빠져나와 새로운 패턴으로 함께 지내려고 시도하지 않는 걸까?

당신의 능력은 세상 유일무이한 것이 아니다. 그를 이끌고 자극을 줄 수는 있지만 개입해서는 안 되며, 대신 일하는 것은 더더욱 안 된다. 그에게는 스스로 일을 해결할 수 있는 능력이 있으며, 그의 능력을 발견하고 그 능력을 감상하는 과정에서 당신 자신 또한 성장하고 깨우침을 얻을 것이다.

1. 어떤 사람들이 당신을 '피곤'하게 하는가? 그들은 어떤 능력이 부족한가?

_____

_____

_____

_____

2. 당신의 어떤 행동이 당신으로 하여금 그들의 능력을 볼 수 없게 가로막았는가? 당신은 어떻게 행동할 생각인가?

_____

_____

_____

_____

6장 잠재력 관리

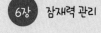

a. 신입 직원은 왜 늘 직접 가르쳐야 하고 스스로 주도적일 수 없을까?

b. 팀원이 한 명 더 늘었는데 왜 나는 오히려 더 피곤할까?

c. 아직 어려서 괴롭힘을 당하는 우리 아이, 내가 어떻게 도와줄 수 있을까?

그들이 능력이 없는 것이 아니라 당신이 그들의 능력을 결코 보지 못하는 것

 당신의 색안경을 벗어던져라 : 내 생각에 부합하지 않는 모든 것은 능력이 없는 것

⬇

왜 당신은 늘 다른 사람의 능력을 보지 못하는가?

◆ 모든 사람에게 적응 능력이 있다는 것을 믿지 않음	대자연에서 사자와 토끼의 달리기 경주는 자연의 법칙 한 사람이 사회에서 일할 만큼 자랐다는 것은 일을 처리할 능력이 있다는 것
◆ 자신의 손을 통제하지 않고 늘 개입함	"내가 할게"라고 말하는 의미 : 당신 이렇게 해도 돼, 어쨌든 마지막에는 내가 다 바꿔놓을 테니 "당신 이렇게 하면"이라고 말하는 의미 : 그렇게 하지 말고 내가 말한 대로 해라

⬇

해결 방법

◆ 침묵 관찰법으로 직접 개입하는 것을 대신하라	당신 마음속의 마지노선을 명확히 하여 조급하게 개입하는 것을 참고, 그에게 방법이 있다는 것을 믿어라
◆ 유도질문법	미리 설정하지 않은 질문, 유도 방식으로 상대방이 자신의 문제를 발견하게 한다
◆ 문제의 경중·완급을 구분하라	중요하며 긴급함, 중요하지만 긴급하지 않음, 긴급하지만 중요하지 않음, 긴급하지도 중요하지도 않음

제대로 된 소통 없이 잘되는 인간관계는 없다

- 소통 관리

자꾸 싸우며 상처받지만
이유를 몰라 답답하다면…

아래 객관식 문제로 당신의 '소통 지수'를 테스트해보자.

이른 아침 잠을 깬 아내가 "너무 피곤해. 정말 출근하기 싫다!"라고 한다. 당신은 어떻게 반응할지 선택하시오.

A. 일어나기 싫어도 일어나야지. 지각하면 어떡해?

B. 이불을 힘껏 들추면 금세 정신을 차릴 수 있어.

C. 당신도 일어나기 싫지? 누군들 일어나고 싶겠어? 나라고 더 자고 싶지 않겠어? 전에는 나도 이불 속에서 꾸물댔는데, 일 때문에 이를 악물고 며칠 버텼더니 서서히 익숙해지더라.

D. 일어나기 싫으면 일어나지 마. 그냥 회사 그만둬.

우리는 여러 회원들에게 가장 '듣기' 편한 대답을 골라보게 했다. 그 결과 위의 대답들이 전부 이상하다는 반응을 보였다.

그렇다면 상대방이 들었을 때 어떤 대답이 편안할까? 심리학 고문이 "맞아! 아침에 일어나려면 정말 너무 괴로워!"라는 문장을 추가하자 모두 "어, 이 말이요!"라며 두 눈을 반짝거렸다.

이렇게 간단하다고? 이 대답은 별로 쓸모도 없고 문제 해결에 도움이 되지도 않을 듯한데? 그렇다면 '가장 쓸데없는' 대답이 가장 편안하게 들리는 이유는 무얼까?

이는 소통의 제1법칙과 관련이 있다. 즉 소통하는 과정에서 모든 사람의 가장 본능적인 관심사는 바로 자기 자신이다.

일반적으로 생각하면 상대는 '당신'이 어떤 가치 있는 대답을 해주기를 바라는 것 같지만, 정작 필요한 것은 '관심'인 경우가 많다. '관심'이라는 것은 무엇인가? 모든 핵심은 바로 '누구 위주'인가에 있다.

'당신' 위주는 당신의 언어 환경에 서서 당신이 주인공이고, 내 역할은 당신 마음의 소리를 듣는 것이다. 그러나 대부분의 소통은 내 언어 환경에 서서 '나' 위주로 진행되어, 겉으로는 상대방의 말을 듣지만 실제로는 자신이 어때 보이는지 신경 쓰는 경우가 많다. 그렇기 때문에 우리는 자신의 관점·방법·제안을 상대방에게 억지로 밀어넣는 데만 급급하고 '내가 당신에게 주고 싶은 것'만 자꾸 강조하느라 정작 '상대가 진짜 필요로 하는 것'에는 관심을 두지 않는다. 우리는 이런 '나' 위주의 소통 방식을 'I형 소통방식'이라고 일컫는다. 여기서 I는 '나'를 가리킨다.

나는 이제껏
널 위해 그랬는데…

당신은 "비록 주어가 'I'이긴 하지만 나는 그 사람의 문제를 해결하고자 하는 것이고, 다 그 사람을 위해서 그러는 거예요"라고 할 수도 있다. 이것이 바로 'I형 소통'의 특징으로, 문제 해결의 핵심 인물이 '그' 사람 본인이 아닌 '나'다.

만일 당신이 진정으로 그 사람의 문제 해결을 돕고 싶다면 우선 확실히 알아야 할 점이 있다. 그것은 그 사람의 문제라는 것이다. 만약 이 점을 확실히 짚고 넘어가지 못하면 소통할 때 서로 간의 경계가 모호해지는 함정에 빠지고 만다.

너무나 간단해 보이는 이치를 우리는 왜 소홀히 할까? 유아부터 성인까지 이렇게 소통하다 보니 'I형 소통'이 대다수 사람들의 소통 프로세스에 입력됐기 때문이다.

아침에 일어나는 것과 관련한 객관식 문항을 떠올려보자. 내가 당신이 지각할 수도 있다고 일깨워줬고, 내가 이런 방법을 써서 일어나보라고 제안했으며, 내가 당신은 이렇게 좀 버텨야 한다고 생각했으며, 심지어 내가 장기적인 계획도 생각해줬고….

'내가 봤을 때' '내 제안은' '내 생각은' '내가 충분히 생각해봤는데'…. 이런 것들은 모두 'I형 소통'에서 말버릇처럼 사용하는 표현이다. 아무튼 방법은 모두 '나'에게 있으며 '내'가 문제 해결의 주인공인 듯하다.

사실 'I형 소통'은 '답 제공' 외에 '평가' 같은 다른 많은 정보를 방출하기도 한다. 예를 들면 다음과 같다.

넌 어떻게 이것도 못 하니? 넌 어서 내 말 들어야 해! 네가 이렇게 생각할 수 있으면 좋을 텐데…. 내 생각에 이건 아주 간단해 보이는데…. 그러니까 진작 내 말을 들었어야지…. 내 생각에는 네가 다시 고려해봐야 할 것 같은데….

이런 말들은 모두 상대방에 대한 당신의 '부정'을 전달한다. 당신은 '답을 주고, 평가하는' 'I형 소통'의 말을 들었을 때 마음속으로 어땠나? 기억을 더듬어 그때 기분을 떠올려보자.

그는 내가 그다지 똑똑하지 않다고 생각해. 그는 내가 생각해본 적이 없다고 여겨. 그는 현재 내 모습에 만족하지 못해. 그는 나에게도 문제를 해결할 만한 능력이 있다는 것을 믿지 않아.

'I형 소통' 방법을 사용하는 사람은 상대의 문제 해결을 돕고 상대를 위하는 것처럼 보이지만, 이런 농도 짙은 '선의'의 이면에는 권고·설교·가르침·평가·경고 등이 숨어 있다.

이렇게 '도움'으로 포장된 소통은 사실 상대방이 스스로 문제를 해결하는 기회를 박탈하며, 상대방은 자신이 부정당하고 지적당하고 위협받는다고 느낀다. 그러나 당신의 도움은 분명 상대방을 위한 것이기 때문에 상대방은 죄책감과 부끄러움, 열등감을 느끼더라도 마치 목화솜에 싸인 듯 분출할 데가 없고, 허공에 헛발질하는 것처럼 화가 나지만 해소할 방법이 없다. 이런 소통 체험은 분명 서로에게 좋을 게 없다.

감정을 부정하고 소통을 차단한다

'I형 소통'은 좋은 소통 분위기를 형성하지 못한다. 뿐만 아니라 시간이 흐르면 상대방은 스스로를 가두는 방식으로 잠재된 '상처'를 방어하고 침묵을 지키며, 소통의 문을 닫고는 더 이상 자신의 진짜 감정을 표현하지 않으려고 한다.

부모가 아이를 대하는 태도를 예로 들어보자.

넘어져서 크게 우는 아이에게 엄마는 "괜찮아, 괜찮아. 울지 마. 안 아프네"라고 말한다. 외출 전에 오리털 점퍼를 꼭 입으라고 말하는 엄마에게 아이가 "더워"라고 하면 엄마는 "날씨 추워졌어, 안 더워!"라고 한다.

어른이 되어 난관에 부딪친 당신에게 남자 친구는 "울 게 뭐 있어? 참다 보면 다 지나가게 돼 있어"라고 한다.

귀에 익은 말 아닌가? 마치 모든 사람에게 매일매일 긍정적인 에너지로 가득 차 있어야 한다고 요구하는 듯하다. 그러나 사람의 감정은 바로 거기에 있으며, 없애고 싶다고 정말 없어지는 것이 아니다.

우리는 분명 상대가 부정적인 감정에서 얼른 벗어나도록 돕고 싶지만, 자기도 모르게 'I형 소통' 방식을 써서 상대의 이런 감정을 부정해버린다. "안 아파" "울지 마" "용감해야 해" 등등은 엄마 입장에서 출발해 엄마 자신의 걱정을 덜기 위해서 하는 말이다. 이런 소통 방식은 아이에게 더 많은 부정적 감정을 불러일으킴으로써 자기가 이렇게 나약하면 안 되지 않을까, 잘못하는 건 아닐까, 다른 사람들 앞에서 더 이상 슬픈 모습을 드러내면 안 되는 것 아닐까 의심을 품게 한다.

논쟁과 충돌을 야기한다

적절하지 못한 소통은 더욱 격렬한 결과를 낳아 논쟁과 충돌을 일으키기도 한다. 직장에서 일어난 사례를 함께 살펴보자.

기획안 발표를 마친 동료 B는 "이상이 제가 준비한 행사 기획안입니다. 여러분의 많은 의견 부탁합니다"라고 했다.

동료 A : 이건 안 될 것 같은데요.

동료 B의 반박 : 이틀 밤을 새워서 빅 데이터를 연구했으며,

업계의 같은 유형 프로젝트와 비교해봐도….

동료 A 의견 유지 : 너무 일반적이지 않을까요? 혁신의 각도에서 볼 필요가 있어요.

동료 B 논쟁 : 제 생각에는 괜찮을 것 같습니다. 실효성 차원에서 볼 때 회사는 이 기회를 놓치면 안 된다고 생각합니다.

동료 A 설득 당하지 않음 : 안 될 거 같은데…. 비용 대비 효율 측면에서 다시 생각해보면 좋겠네요.

동료 B 분노를 참지 못하고 : 그렇게 잘 알면 당신이 하시죠!

동료 A도 탁자를 치며 서로 눈을 부라린다. 정신없이 싸우느라 토론 분위기가 매우 어색해졌다.

본래는 그냥 일상적인 업무 토론이었는데, 옥신각신하는 과정 어디서부터 변화가 생겼을까?

동료 B는 "여러분의 많은 의견 부탁합니다"라고 말은 했지만 자신의 가치가 계속 부정당하는 것은 절대 원치 않는다. 그런데 동료 A는 자신의 의견을 I형 소통 패턴으로 제시하고, '나' 위주로 자신의 권위를 드러내기 위해 아주 자연스럽게 평가하고 판단했다.

이때 제안을 받은 동료 B는 자신의 기획안에 대해 이렇게 바로 나쁜 결론이 내려지면 자기방어를 통해 끊임없이 자신을 변명하게 된다. 한쪽은 평가하고 한쪽은 변명하면서 토론이 변론으로 바뀌고, 아무 내용 없는 논쟁으로 변질되었다.

대화법이 달라지면
관계도 달라진다

'I형 소통'이 발생하는 근본적인 원인은 우리가 소통할 때 '누구' 위주로 해야 하는지 잊기 때문이다. 만일 당신이 그 사람과 소통하고 싶다면 그의 감정으로 채널을 조정해서 그 위주로 진행해야 한다. 주어는 더 이상 'I'(나)가 아닌 'YOU'(당신)가 된다. 당신 생각에, 당신 느낌에, 당신 기분은….

우리는 이런 소통 방식을 'U형 소통'이라고 일컫는다. '주어 전환'이라는 방법을 많이 들어보지 않았는가? 그렇다. 바로 1장에서 언급했던 개인심리학자 알프레드 아들러의 핵심 학설인 '과제 분리'다. 대인관계의 출발점인 '과제 분리'의 핵심 개념은 괴로운 사람이 책임지기다. 이를 구체적으로 '소통'에 응용해보면, 상대가 괴로우면 상대가 책임지고 상대 위주로 하는 것이다. 그렇다면 구체적으로 어떻게 활용해야 할까?

상대의 마음을 여는 말들로 상대의 말문도 열어라

상대 위주란 그 사람을 초대해서 표현하게 하고, 발언권을 그 사람에게 주어서 자신의 생각과 느낌을 말하게 하는 것이다. 예를 들어 "아, 그랬구나" "자세한 내용을 듣고 싶어" 같은 유도성 언어를 사용한다. 이런 말들은 '영양가'가 없어 보이고 이렇다 할 정보도 없지만, 평가하는 뉘앙스를 띠지 않고 "당신의 느낌을 몹시 듣고 싶다"는 정보를 전달하기 때문에 '초대장'처럼 상대가 소통의 문을 열게 할 수 있다.

최근 몇 년 경영업무를 맡는 동안 내 사무실로 찾아와 자신의 불만과 곤혹스러운 점을 표현한 직원들이 많았다. 그들은 '업무'상의 도움을 구하러 온 것처럼 보이지만 자신의 감정을 누가 봐주고 웬만큼 해소됐을 때 스스로 더욱 다양하고 새로운 사고의 맥락을 만들어냈다. 사람을 가장 소모시키는 것은 감정이기 때문에, 그 사람의 에너지가 감정적 대치에서 풀려나면 자연히 더 적극적이고 주도적으로 일에 몰입하게 된다.

'초대장'을 발급하는 것은 소통의 문을 여는 데 지나지 않으며, 더욱 원활한 소통을 위해서는 소통의 문이 계속 열려 있게 해야 한다. 이를 위해서는 상대의 말을 수동적으로 듣거나 격려하는 것만으로는 부족하기 때문에 더욱 업그레이드된 방법이 필요하다. 방법은 다음과 같은 공식으로 정리할 수 있다.

U형 소통=당신+감정

그러니까 '당신'을 주어로 해서 '당신'의 감정을 공유하고 말하는 것이다. 모든 사람에게는 공감 능력이 있다. 마음속 감정을 따라 상대가 진정으로 표현하도록 도우면 상대는 자신이 '관심받고' 있다는 생각에 당신과 대화를 더 이어가고 싶어 한다.

"너 무슨 걱정 있어 보이는데?" "너 괴롭겠구나!" 이런 말들을 통해 자신이 해석한 정보가 정확한지, 자신이 정말 상대방의 현재 처지를 잘 이해하고 있는지 끊임없이 검증한다. 정확한 정보를 피드백하면 상대는 우리가 자신에게 공감하고, 자신이 이해받는다고 느낄 것이다.

야무진 질문으로 상대가 답을 찾게 한다

공감하는 '경청자' 역할만으로 상대가 감정을 분출하도록 도움을 주는 경우 확실히 일부 문제는 해결되지만 감성적인 차원만을 다룬다고 생각하는 사람들도 있다. 감성적으로 상대를 지지하고 이해하는 것 말고는 수수방관하는 태도밖에 답이 없을까? 의견을 제시하거나 함께 토론하면 안 될까?

당연히 된다. 주제넘게 참견하지 않고 상대의 경계를 침범하지 않는 선에서 도움을 줄 수 있는 몇 가지 방법이 있다. 그것은 바로 상대의 '협력자'가 되어 자기만의 솔루션을 찾도록 도와주는 것인데, 이런 방법을 '소크라테스 문답법'이라고 한다.

고대 그리스의 유명 사상가이자 철학가, 교육자인 소크라테스는 학생이 자신에게 질문하면 직접 답을 제시하지 않고 '추정이 없는' 질문을 통해서 학생 스스로 더욱 심층적인 문제를 찾아 자신만의 해답을 생성하도록 유도했다. '추정이 없는'이란 '나'의 가치판단이 전혀 담기지 않은 상태로, 상대가 자신이 말하고 싶은 말을 하도록 이끄는 것이다. 소크라테스는 산파는 임산부가 아이를 낳게 도울 뿐이지 대신해서 아이를 낳지 않는다는 점에 착안하여 자신의 이런 방법을 '영혼의 산파술'이라고 표현했다.

그렇다면 '추정이 포함된'과 '추정이 없는' 두 가지 질문을 앞에서 언급했던 직장 사례에 응용해보면 과연 어떨까?

먼저, '추정이 포함된' 질문이다.

동료 B 총정리 : 이상이 제가 준비한 다음 달 행사 기획안입니다. 여러분의 많은 의견 부탁합니다.

동료 A 질문 : 시간이 이렇게나 촉박한데 어떻게 실행할 수 있겠어요?

동료 B 반박 : 제 기획안은 절대 안 될 거라는 뜻인가요?

이번에는 '추정이 없는' 질문이다.

동료 B 총정리 : 이상이 제가 준비한 다음 달 행사 기획안입니다. 여러분의 많은 의견 부탁합니다.

동료 A 질문 : 이 기획안이 직면할 가능성이 있는 문제는 무엇이라고 생각하십니까?

동료 B 대답 : 음…, 다음 달에 바로 집행하려면 시간이 좀 촉박합니다.

동료 A 다시 질문 : 그렇다면 어떻게 할 계획인가요?

동료 B 대답 : 업무 내용을 꼼꼼히 살펴본 다음 구체적인 프로세스는 다시 분류할 생각입니다.

동료 A 이어서 질문 : 그렇게 하는 이유는 무엇이죠?

동료 B 대답 : 부분별 시간을 체크해서 프로젝트 진도를 컨트롤하기 위해서입니다.

대화가 이렇게 순조롭게 이뤄진다고? 그렇다. 정말이지 순조롭다.

당신이 상대에게 알려준 답과 상대가 스스로 찾은 답은 같을 수도 있지만 효과는 전혀 다르다. 하나는 수동적으로 받아들인 것으로, 상대는 '이건 당신이 나한테 억지로 밀어넣은 일'이라는 생각에 마음속으로 반발심이 생기게 마련이다. 그러나 다른 하나는 주도적으로 발굴한 것으로, 상대는 '이건 내가 스스로 생각해낸 답이니까 내 일이야'라는 생각에 자신이 더 책임지고 싶어 한다. 심지어 이런 질문 과정에서 얻어진 답이 다를 수도 있어서, 당신 자신도 미처 예상하지 못한 기쁨으로 확장될 수 있다.

모든 소통은
감정을 확인하기 위한 것

　　I형 소통이든 U형 소통이든 모두 소통 기술이다. 그러나 소통 기술만 습득하는 경우 대부분 효과가 없다. 주어를 '당신'으로 전환하는 방법을 배울 수는 있지만 마음속으로는 여전히 '나' 위주이거나, 분명 "너 괴로워 보여"라고 말했어도 상대는 전혀 감정을 느끼지 못한다. 이는 소통 이면에 숨겨진 진짜 원하는 것을 간과했기 때문인 경우가 많다.

　　모든 기술의 이면에는 가장 근본적 인식인 '소통은 감정을 확인하기 위한 것'이 있다. 내가 당신의 관심을 받았다는 것을 확인하고, 당신이 내 편이라는 것을 확인하며, 내가 혼자가 아니라는 것을 확인하는 것이다. 우리 모두는 이런 작지만 절박한 바람을 안고서 한 번 또 한 번 당신과 소통해간다. 만일 이것이 확인되면 아무리 큰 어려움일지라도 완전히 자신감을 상실하지는 않는다.

1. 당신은 어떤 상황에서 'I형 소통' 방식을 사용해보았나? 만일 'U형 소통'으로 전환해야 한다면 어떻게 말하겠는가?

_____

_____

_____

2. 당신 친구가 당혹스러운 상황에 빠졌을 때 어떻게 하면 '소크라테스 문답법'을 사용해서 친구가 생각을 정리하고 스스로 문제 해결 방법을 찾도록 도와줄 수 있겠는가?

_____

_____

_____

7장 소통 관리

소통의 과정에서 모든 사람의 가장 본능적인 관심사는 자기 자신

사례 : 아침에 일어나서 출근하기 싫어하는 아내에게 당신은 어떻게 해야 하나?

⬇

I형 소통 : '나' 위주의 소통 방식	U형 소통의 특징 : 'YOU' 위주의 소통 방식

I형 소통의 특징: '나' 위주의 소통 방식

1. I형 소통의 특징: '나' 위주의 소통 방식
   ① 서로의 경계 모호
      타인의 문제 해결을 돕고 싶으면 우선 그것은 그의 문
      제임을 확실하게 하라
   ② 답을 주고 평가하기도 함

2. 초래되는 결과
   ① 상대가 스스로를 가두고 소통의 문을 닫음
   ② 부적절한 소통은 격렬한 충돌을 야기함
      I형 소통을 낳는 근본 원인은 소통할 때 '누구' 위주로
      해야 하는지 잊어버리기 때문

해결 방법

방법1 : 초청장을 발급해서 상대의 말문을 열어라
행동 : '당신'을 주어로 하고 '당신'의 감정을 말하라
방법2 : 질문법을 배워 상대 스스로 답을 찾게 하라
행동 : 소크라테스식 질문

사례 :

1. 아내가 아침에 일어나기 싫어하면 어떻게 할까?
2. 아이가 학교에서 괴롭힘을 당했는데 어떻게 도와줘야 하나?
3. 아이가 넘어져서 울고 있는데 어떻게 해야 하나?
4. 회의에서 양쪽이 논쟁을 벌여 서로 양보하지 않는 상황에서 나는 어떻게 해야 하나?

소통의 핵심 : 과제 분리

8장

원하는 것을 얻는
상사 관리법은
따로 있다

- 상사 관리

상사 관리가 어려운 이유는
당신이 자기 자신을 너무 사랑하기 때문이다

현대 경영의 창시자 피터 드러커는 "당신은 사장을 좋아하거나 숭배하거나 또 증오할 필요는 없다. 그렇지만 반드시 사장을 관리해서 당신의 업적과 성과, 성공을 위해 사장이 자원을 제공하게 해야 한다"고 주장한다. 이러한 적극적인 방법을 '상사 관리'라고 한다. 나는 상사 관리를 잘하고 싶다면 기술 습득보다 우선 무언가를 버리는 것부터 시작해야 한다고 말하고 싶다. 바로 '자기애'를 버려야 한다.

예전에 나이나이라는 직장 동료가 있었다. 그녀는 항저우에서 근무하는 3년 동안 네 번이나 회사를 옮겼고, 한 번은 3개월 일하다가 사장과 '평화로운 이별'을 한 적도 있었다. 일과 관련해서는 늘 "사장님은 다른 사람 처지는 생각 안 하고 참 쉽게 말해. 실적 지표를 이렇게 높게 잡으면 도대체 누가 완성할 수 있겠어?" "이번 달 지표도 완성 못 했네. 사장님은 아는 것도 없고 지원도 안 해주면서 욕만 할 줄 알지"라며 투덜거렸다.

다음에서 상사 관리가 실패하는 세 가지 상황을 함께 분석해 보고, 이 과정에 숨겨진 자기애 심리가 있는지 살펴보자.

내가 말하지 않아도 사장이 내 생각을 알아야 한다?

나이나이는 3년 동안 네 번이나 이직했다. 이직 원인은 대부분 사장에 대한 불만 때문이었으며, 한동안은 나에게도 같은 불만을 표현했다. 그 원인을 물으니 지금 일은 자신의 창의력을 100% 발휘할 수 없다고 했다.

대답을 들은 나는 '어떻게 능력을 발휘할 곳이 없을 수 있지?'라는 생각에 의아해졌다. 최근 회사가 기획 중인 제품 홍보 활동에 창의력 넘치는 콘텐츠가 몹시도 필요했기 때문이다. 너무나 이상했던 나는 "이번 활동은 판매량을 이끌어낼 좋은 기회인데, 왜 홍보할 때 자네 모습이 안 보이지?"라고 물었다. 그러자 그녀는 "프로젝트 기획회의를 몇 차례나 했는데 한 번도 저를 부르지 않더라고요"라고 대답했다.

'내가 필요하면 부르겠지.' 이는 꽤나 합리적인 주장이다. 그녀는 회의에 자신을 부르지 않았다는 것을 자신이 필요 없거나 기회를 주고 싶지 않다는 뜻으로 여길 수 있다. 그러나 이것은 나이나이의 생각일 뿐, 사실이 아니라는 점에 주의해야 한다.

나는 팀 프로젝트 동료에게 왜 나이나이를 회의에 부르지 않았는지 물어봤다. 그러자 동료는 문득 깨달았다는 듯 무릎을 탁치며 "아이쿠, 루트 짜느라 정신이 없어서 영상 콘텐츠 팀을 까맣게 잊고 있었네!"라는 반응을 보였다. 팀 프로젝트의 동료도 유감스러워하며 "나이나이도 참여하고 싶었대? 그런데 이상하다. 평소에 회사에서 시도 때도 없이 마주치는데, 나한테 한 번도 그런 얘기는 한 적이 없거든" 이렇게 말했다.

사실 기회는 바로 앞에 있었다. 나이나이가 한마디만 했더라면 자신의 손에 기회를 쥘 수 있었다. 그런데 나이나이는 아무 일도 없었는데 이미 자기가 한 번 '거절'당했다고 느낀 것이다.

페이스북 최고 운영책임자 셰릴 샌드버그는 자신의 저서 《린인》에서 "사회적 부는 분배된 적이 없으며 사람들 스스로가 능동적으로 얻어내야 한다"고 말한다. 어떤 직원들은 사장이 일을 나눠주기만 기다리면서 '내가 말하지 않아도 다른 사람은 알아야 한다'고 생각하고는 자신이 원하는 것을 얻지 못하면 억울해하고 인재를 알아보는 눈이 없다며 불평한다. 그 뒤에 숨겨진 심리가 자기애가 아니면 무엇이겠는가?

당신이 자신만의 일에 온통 정신을 쏟는 바람에 일이 무한대로 커져서 당신은 이를 회사 전체의 일로 인식한다. 그 일은 수박처럼 크기가 크고 모든 사람이 볼 수 있도록 식탁 위에 놓아야하며, 당신만큼 다른 사람들도 그 일을 중요시해야 한다고 생각한다. 그러나 실상은 다르다. 눈코 뜰 새 없는 집단에서 이것은 '당신'의 요구사항에 불과하고 호두알처럼 작으며 그마저 당신 주머니 속에 있다. 이러니 다른 사람들이 볼 수 있겠는가?

내가 말하면 사장이 나에게 무조건 협조해야 한다?

만약 그렇다면 원하는 것을 말하기만 하면 되는가? 그러면 사장이 바로 응답하고 협조해준다? 꼭 그렇지만은 않다. 여기에는 두 번째 자기애인 '내가 말하면 사장은 나에게 협조해야 한다'가 존재한다. 이런 자기애가 생기는 이유는 우리가 '당신이 이렇게 해줘야 해'를 마음속에서 슬그머니 '당신은 이렇게 해야 해'로 바꿨기 때문이다.

예를 들어보자. 우리의 일반적인 논리는 "내가 회사에 요구사항을 제시하면 회사는 당연히 이를 만족시켜줘야 하는 것 아닌가요? 나는 회사를 위해, 모두를 위해 일하는 거니까요!"이다. 우리는 종종 "내가 원하는"을 "우리는 ~해야 한다"로 말하거나, "다 당신을 위해서니까 당신은 이렇게 해야 해"로 말한다.

이렇게 '내 요구사항'을 '우리 모두의 요구사항' 안으로 숨기거나 "당신이 사장이라서 내 요구사항을 표현했는데 당신이 호응하지 않다니, 그러고도 당신이 무슨 좋은 사장이라고 할 수 있겠어?"라며 불평한다.

존 코터(John Kotter)는 말하기를, "세상에 완벽한 사장은 없다.

모든 부하 직원의 요구사항을 생각할 시간도 없으며, 모든 부하 직원의 문제를 해결할 수 있는 지식도 없다"고 했다.

많은 사람이 '나는 원한다'라는 말을 꺼내기 어려워하는 것은 감정을 쉽게 드러내지 않는 우리 문화와도 관계가 있다. 그래서 그런지 "내가 아주 어렵사리 '원한다'라는 말을 꺼냈는데 당신이 충족시켜주지 않는다 이거지!" 이런 식으로 얘기하는 사람이 많다. 하지만 성숙한 관계에서 "나는 필요하다" "나는 원한다"라고 말하는 것은 이기적이라는 것을 의미하지 않는다. "당신 ~해야 해" "당신 꼭 ~해야 해"라는 말이야말로 자기를 중심에 둔 자기애의 생각이다. 오스카 와일드(Oscar Wilde)는 "이기주의란 내가 원하는 대로 사는 것이 아니라 타인에게 내가 원하는 방식으로 살라고 요구하는 것이다"라는 명언을 남겼다.

두 번째 '자기애'는 무의식인 경우가 많아서, 내가 요구사항을 제시하면 그는 들어줘야 한다고 생각한다. 내가 볼 때는 이 요구사항이 타당하기 때문에 당연히 실현돼야 하지만 사실 이는 내 요구사항일 뿐이며, 타인이 원하는 것과 내가 원하는 것이 너무 다르다는 사실을 인정하기란 매우 어렵다.

사장의 요구사항은 늘 나를 난처하게 한다?

자기애의 세 번째 상황은 나이나이가 사장을 원망하던 "사장이 온종일 갖은 방법으로 나를 난처하게 해"라는 말이다.

　이런 비슷한 말을 들을 때마다 내 머릿속에는 어떤 장면이 불쑥 떠오른다. 만일 사장이 정말로 곳곳에서 자신을 노리고 있다면 그 사람은 도대체 어떻게 된 사장일까? 수억을 투자해 회사를 차려서는 매일 출근하는 목적이라고는 단 하나, 바로 다리 꼬고 앉아서 자기 직원을 트집 잡고 폄하하기라니. 어떻게 이런 사장이 존재한다는 것인가? 그렇다면 왜 '나'는 사장이 늘 '나'를 노리고 있다고 생각할까?

　한 가지 이유는 모든 사람은 자신을 위로하는 데 능숙하기 때문이다. 만일 타인에게 거절당하면 우리는 무의식중에 문제를 타인에게 고정해놓고는 '분명 그 사람한테 문제가 있으니까 그 사람이 변해야 해'라고 생각한다.

　세 번째 '자기애' 역시 우리의 일반적인 잘못된 사고다. 자신의 요구사항이 충족되지 못하면 '상대가 나를 거절하고 반박하고 억압하며 나와 팽팽하게 대립한다'고 생각하는 것이다. 이런 마음가짐을 지니면 자연스레 나와 사장 사이의 소통은 단절되고 일을 추진하는 데도 도움이 되지 않는다.

말하지 않으면
상대는 알 수 없다

한 겹 한 겹 자세히 분석해보니 우리가 자기애에 가로막혀 나 자신과 사장에 대해서 많은 오해를 했다는 사실이 점점 수면 위로 떠올랐다. 그렇다면 어떻게 해야 할까?

만약 한 단계 더 나아가고 싶다면 우선 '나'의 요구사항을 '정확하게' 말해야 한다. 많은 사람들이 자신은 얘기했다고 여기지만 사실 말을 하지 않은 경우가 많다.

나이나이처럼 말이다. "사장이 실적 지표를 너무 높게 정해 놓은 바람에 달성하기 어렵다" "같이 일하는 파트너가 너무 미덥지 못하다"며 거듭해서 외친다. 그녀는 자신이 이렇게 여러 번 얘기했으니 사장이 분명 이해했으리라 생각하지만, 이런 식으로는 아무리 외쳐봐도 문제를 해결할 수 없다.

그녀는 단지 자신의 처지나 일의 난이도를 말했을 뿐이지 자신의 진정한 요구사항이 무엇인지는 말하지 않았다. 심지어 사장은 이런 직원을 보며 '문제를 해결할 방도는 생각하지 않고 넋두리나 하고 있네'라고 생각할 수도 있다. 어쨌든 사장은 문제를 해결하고 목표를 달성하기 위해서 당신을 회사로 청했다. 난관에 부딪쳐도 괜찮다. 그러나 해결방안을 제시하거나 "이러이러한 협조가 있어야 목표를 달성할 수 있습니다"라고 정확하게 제시해야 한다. 이것이야말로 가장 중요하다.

그렇다면 어떻게 '나'의 요구사항을 정확히 말할 수 있을까?

요구사항 말하기 1 : 대담하게 말하라

1단계는 구절을 전환하여 "나는 ~가 필요합니다"라고 대담하게 말하는 것이다. 우선 우리가 사장과 자주 말하는 문장을 "~가 필요합니다" 형식으로 바꾸는 연습을 해보자.

① 이건 너무 어려워서 못 하겠어요 → 도움이 필요합니다. 사람이 한 명 더 필요합니다.

② 이 프로젝트는 자금이 없는데 어떻게 하겠습니까 → 더 많은 예산이 필요합니다.

③ 저도 회사의 이익을 위해서 이러는 겁니다. → 당신의 더 큰 지원과 이해가 필요합니다.

④ 왜 늘 지적만 하십니까? → 더 많은 긍정적 피드백을 주시면 제가 일하는 데 원동력이 될 것 같습니다.

이런 간단한 전환과정만 거쳐도 상대방과의 소통이 효율적인 궤도로 들어설 수 있다. 그러나 어떤 이들은 "저도 이런 방법으로 요구사항을 제시해봤는데 거절당하거나 무시당하기 일쑤였어요. 몇 번을 얘기했는데도 안 되니까 더 이상 얘기하기가 싫어졌어요"라고 말한다.

예를 들어 내가 동료에게 "나 좀 도와주면 좋겠어"라고 말했는데 동료 역시 자기 일을 하느라 바빠서 곧장 대답을 못 할 수도 있다. 그러므로 1단계 주어 전환의 다음 단계인 2단계를 살펴보도록 하자.

요구사항 말하기 2 : 직면하기

2단계는 심리학의 '직면'을 사용해야 한다. 그 안에는 "나는 필요하다"와 정보 서술, 영향이 포함되어 있다. 구체적으로 말하면 "나는 필요하다"를 말한 다음 내 현황을 서술하는 것이다. 이때 '현황'은 주관적 평가가 아닌 객관적 사실만을 기술한다. 그밖에 이 일을 하면 최종적으로 어떤 목표를 이룰 수 있는지, 이 일을 하지 않으면 어떤 영향이 있을지 명확히 밝힌다.

똑같은 요구사항을 두고 나와 내 동료를 비교해보자. 동료가 "지난번 행사 때 썼던 준비 리스트 있어?"라고 물어봤지만 상대가 한참이나 대답이 없으면 동료는 자신이 무시당했다고 생각한다. 그런데 나라면 이렇게 말했을 것이다. "지난번 행사 때 썼던 준비 리스트 있어? 내가 지금 아주 급한 행사를 준비하는데, 그 리스트가 있으면 부족한 점을 보완해서 시간을 절반쯤 줄일 수 있을 것 같아." 일반적인 동료라면 이런 부탁을 받고 거절할 리 없다.

요구사항을 두고 사장과 소통할 때도 마찬가지다. 나이나이의 요구사항을 다시 예로 들어보자. 그녀가 만일 사장에게 "사장님, 전에 협력사와 얘기됐던 홍보가 일시적으로 취소되는 바람에 이번 달 홍보 기회가 한 번 줄었습니다. 어떻게 해야 할지 감이 잡히지 않는데 사장님이 좀 도와주셨으면 좋겠습니다"라고 말했다면 사장은 나이나이에게 먼저 무엇을 도와줘야 하는지 물어볼 것이다. 이때 나이나이는 "온라인 생중계를 두 차례 해서 이번 달 노출량을 늘리는 겁니다. 그러면 기존에 정했던 목표를 완수할 수도 있습니다. 만일 그렇게 하지 않는다면 이번 달에는 목표를 최대 70%밖에 완수하지 못합니다"라며 구체적인 요구사항과 함께 결과를 설명할 수 있다.

나이나이의 설명에 사장은 어떤 반응을 보일까? 아마 "그렇게 자신이 있다면 내가 협조하지"라고 말할 것이다. 이렇게 소통해야만 진정으로 상사 관리의 목적에 다다를 수 있다.

우리 사장의
진짜 속마음은 멀까

유명한 경영사상가 마셜 골드스미스(Marshall Goldsmith)는 사장을 대할 때 한 가지 원칙만 지키면 된다고 말한다. 바로 "당신의 최고 고객을 대하듯 사장을 대접하라!"는 원칙이다.

고객에게 서비스하는 이유는 자신의 실적을 달성하기 위해서다. 그렇다면 사장을 대할 때도 마찬가지다. 사장이 우리에게 협조하게 해서 자신의 목표를 달성하는 것이 목적이다. 최고 고객이 당신을 거절했다 해서 뛰어난 세일즈맨인 당신이 포기할 리 없다. 사장의 거절에 대해서도 낙담하지 말고 그가 필요로 하는 것이 무엇인지 찾도록 노력하는 태도를 갖춰야 한다. 우리는 시간과 노력을 들여 '관찰'하고 '질문'해야 한다.

이때 '나'를 밖으로 배제하고, 관찰자로서 그가 진정으로 원하는 것이 무엇인지를 고려해야 한다. 어떤 일을 핵심으로 하는가? 무엇을 중요시하는가? 최근에 어떤 어려움이 있었는가? 어떤 상황을 피하는가? 어떤 일에 흥미를 느끼는가? 등등 사장의 시각에서 그에게 진짜 필요한 것을 찾아내야 한다.

관찰과 함께 다른 수단을 병행할 필요가 있다. 예를 들어 반복적인 질문을 통해 자신의 판단이 옳은지 확인하는 것이다.

사장이 나이나이에게 맡긴 임무는 이번 달에 최소 만 명의 신규 가입자를 확보하는 것이다. 이는 단지 '결과'이기 때문에, 우리는 사장이 이 목표를 통해서 실현하고자 하는 것이 무엇인지를 확실히 이해해야 한다. 나이나이는 사장에게 "신규 가입자를 확보하는 목적이 제품 판매량을 늘리는 건가요, 아니면 브랜드를 널리 알리는 건가요?"라고 질문하여 확인할 수 있다. 그러면 사장은 예컨대 "판매량이 최종 목표입니다!"라고 정확한 답변을 줄 것이다.

사장이 내린 지시는 그가 추구하는 가장 근본적인 목적이 아닐 때가 있다. 만 명의 신규 가입자 확보라는 지시의 주요 목적은 무엇인가? 가입자들의 역할은 무엇인가? 어떤 식으로 늘릴 것인가? 어떤 루트로 확보할 것인가? 비용은 어느 정도인가? 이런 질문을 통해 우리는 더 많은 정보를 이해할 수 있고, 여기에 사장 관찰이 추가되면 사장이 진짜로 원하는 것이 무엇인지 판단할 수 있으며, 최종 질문을 통해 확인할 수 있다.

이 장에서 설명하는 관찰과 질문은 더 많은 정보를 얻게 하는 것 외에도 다른 장점이 있다. 바로 질문 방식을 통해 자신의 의견을 더 잘 표현할 수 있다는 점이다. 나이나이의 임무인 만

명의 신규 가입자 확보는 쉬운 일이 아니다. 그렇지만 나이나이에게는 제품 판매량 증가를 위한 자신만의 생각이 있다. 그렇다면 이때 사장에게 어떤 방식으로 제안해야 할까?

나이나이 : 다른 방법으로 판매량을 늘려도 괜찮을까요?

사장 : 어떤 방법이 있지?

나이나이 : 우리 회사 기존 사용자의 고객 전환율이 4%가 채 안 됩니다. 만약 전환율을 높일 수 있다면 판매량 목표를 달성할 수 있습니다. 예를 들어 무료 사은품 증정 행사나 고객 탐방을 진행하면 기존 고객을 통해서도 판매량을 늘릴 수 있을 것 같은데, 어떻게 생각하십니까?

사장 : 그 방법도 괜찮은 듯하군! 행사를 기획해서 잠재 가입자를 활성화할 수 있을 것 같아. 기존 고객 활성화와 신규 가입자 모집에 드는 비용을 비교해서 따져볼 필요가 있겠어.

질문을 통해 나이나이는 사장이 무엇을 원하는지 알아냈을 뿐 아니라 자신의 의견도 제시함으로써 사장의 사고를 더욱 다양하게 만들었고 함께 결론을 도출해냈다. 사장의 의견을 구함으로써 사장은 자신이 존중받았다는 느낌을 받으며, 여전히 최종 정책 결정자라는 사실을 확인한다. 사장이 중대한 정책 결정에 참여할 수 있도록 돕는 과정이 매우 중요하다.

사장과 잘 지내는
최고의 방법

    상사 관리, 즉 사장을 설득하기란 쉬운 일이 아니다. 사장이 눈을 부릅뜨면서 "그렇게 어렵지 않아요. 자신이 할 수 있다는 것을 믿어야 합니다!"라고 말하면, 사장의 결정이 분명 합리적이지 않다는 사실을 알면서도 많은 직원들은 사장의 신뢰를 저버리지 않기 위해 또는 자신의 체면을 위해 타협을 선택한다. '어쨌든 사장이잖아. 무슨 생각이 있겠지. 더 이상 묻지 말고 혼자 묵묵히 하자. 그렇지만 정말 끝낼 수 없을 텐데…'라며 합리화를 위한 핑계를 대는 잘못에 빠진다.

    표면상으로는 화기애애한 듯 보이지만 마음속에 목표에 대한 믿음이 없을 경우, 이런 의심은 당신의 모든 행동에 영향을 끼친다. 알리바바에는 "믿음의 힘을 믿는다"라는 유명한 슬로건이 있다. 우선 나 자신이 믿어야만 무슨 수를 써서라도 완성할 수 있는 것이다. 그러나 양보에 능한 직원은 '미움받기' 싫어서 몇 번이고 양보한다. 이런 방법은 바람직하지 않다. 사장에게 자기합리화를 위한 핑계를 대고 사장과 화해하며 무마하고 혼자 참는 직원은 사람의 마음을 잘 이해하는 호인처럼 보이지만 문제는 그대로 남아 있다. 완성 못 하면 완성 못 하는 것이다. 시간이 길어지면 감정의 골만 깊어질 것이다.

영국의 전 수상 마거릿 대처(Margaret Thatcher)는 다음과 같은 논평을 한 적이 있다. "만약 당신이 그저 호감 있는 이미지로 남고 싶다면, 당신은 무엇이라도 항상 타협할 각오가 돼 있어야 하며, 결국 아무것도 이루지 못할 것이다."

자신과 상대의 요구사항이 다르다는 것을 아는 상황에서는 상생을 위해 노력하는 것만이 할 수 있는 유일한 공존방식이다. 상생을 위해 노력하는 방법 가운데 하나는 바로 더 큰 요구사항을 발굴하는 것으로, 내 마음에도 들고 상대의 생각에도 좋은 것으로 한다.

만일 기존 틀에서 협력의 계기를 찾을 수 없다면 새로운 틀을 만들어라. 만일 부분적으로 요구사항이 다르다면 전반적인 면에서 공감대를 찾아라. 만일 방법을 두고 이견이 생기면 목적이 동일하다는 점을 확실히 하라. 이렇게 해야 상사 관리를 더욱 효과적으로 완성할 수 있다.

사장은 '신'이 아니다,
그저 당신의 '파트너'다

표현·관찰·질문·협상을 통해야만 우리의 요구사항이 충족되고 '상생'의 결과를 만들어낼 수 있기 때문에 이는 실로 간단한 일이 아니다. 너무 복잡하고 귀찮은데, 차라리 직장을 옮기고 더 좋은 사장을 만나서 계획을 다 짜달라고 하면 어떨까? 나는 이런 마음가짐으로 수없이 직장을 옮기면서 이상적인 '사장'을 만나길 기대하는 젊은이들을 많이 봐왔다.

그러나 현실에서는 거의 불가능한 일이다. 우리가 이런 사장에게 거는 기대가 너무 높기 때문이다. 어느 정도로 기대가 높은가 하면, 소통을 위한 아무런 노력도 기울이지 않고 표현하거나 협상하려고 하지도 않으면서, 사장이 자발적으로 '나'를 발견해서 주도적으로 '나'에게 협조하고 '나'의 요구사항과 일치하기를 원하는 그런 환상에 빠져 있다.

현실에서 이런 사장은 존재하지 않는다.

이와 대조적으로 직장에서 끊임없이 난관을 극복하는 사람은 일찌감치 현실을 직시하고 더 이상 환상을 품지 않는 경우가 많다. 그들은 자신의 한계를 인정하고, 모든 사람은 한계가 있다는 사실을 받아들이며, 사장 관리에 능숙하기 때문에 업무에서 많은 지원과 자원을 획득할 수 있다. "팀은 결함이 있는 사람들이 서로 지지하고 어울려 일하는 무리에 지나지 않는다"는 말을 기억하라.

당신이 능력이 출중한 베테랑이든 신입 직원이든 당신과 사장의 관계는 영원히 '협력' 관계다. 그러므로 사장을 '신'이 아닌 당신의 '파트너'로 여겨서 자신의 요구사항을 더 용감하게 표현하고, 그의 요구사항에 더욱 귀를 기울이며, 협력 방법을 더욱 주도적으로 모색함으로써 서로가 만족할 수 있는 결과를 얻도록 하라. 이렇게 해야 사장이 당신이 일하는 데 힘이 될 수 있으며 진정으로 '상사 관리'의 가치를 구현할 수 있다.

1. 왜 우리가 자주 말하는 "사장님, 저는 못 해요. ○○○가 너무 어려워요"는 도움이 안 될뿐더러 역효과를 내는가? 자신의 자기애가 어떤 부분에서 나타났는지 분석해보자.

_____

_____

_____

2. 만일 사장이 당신의 최고 고객이라면 당신은 사장과의 관계를 어떻게 다시 생각할 것인가?

_____

_____

_____

_____

8장 상사 관리

당신의 상사 관리가 효과가 없는 이유는 이것을 내려놓지 않았기 때문 : 자기애

1. 자기애 해명과 잘못된 인식

① 나는 내가 말하지 않아도 사장이 알아야 한다고 생각
했다
— '내 일=사장의 일/회사의 일'

② 나는 내가 말하지 않아도 회사가 나한테 협조해야 한
다고 생각했다
— '나는 필요하다'가 '당신은 해야 한다'로 변형

③ 나에게 협조하지 않으면 나를 겨냥하는 것
— 나와 그의 요구사항이 다르다는 것을 모르고 '나' 중심
으로 생각

결론 : 나의 요구사항과 타인의 요구사항을 구분해야 함

2. 그렇다면 나는 어떻게 해야 할까?

① '나'의 요구사항 정확히 말하기
방법 : ⓐ 구절 전환 ⓑ 직면

② '그'의 요구사항 분명히 파악하기
방법 : ⓐ 관찰 ⓑ 질문

③ 상생의 방법 찾기
방법 : 그의 뒤에 숨겨진 진짜 요구사항 찾기, 새로운 틀
만들기

◆ 당신은 사장을 좋아하거나 숭배하거나 또 중요할 필요는 없다. 그러나 반드시 사장을 관리해서 당신의 업적과 성과, 성공을
위해 사장이 자원을 제공하게 하라 —피터 드러커

◆ 사회적 부는 분배된 적 없으며 사람들 스스로가 능동적으로 얻어내야 한다 —셰릴 샌드버그

◆ 세상에 완벽한 사장은 없다. 모든 부하 직원의 요구사항을 생각할 시간도 없으며, 모든 부하 직원의 문제를 해결할 수 있는 지
식도 없다 —존 코터

◆ 이기주의란 내가 원하는 대로 사는 것이 아니라 타인에게 내가 원하는 방식으로 살라고 요구하는 것이다 —오스카 와일드

◆ 효율적인 관리자는 그의 상사도 사람이라는 점을 이해하지만 젊은 부하 직원은 이를 이해하기 쉽지 않다 —피터 드러커

◆ 사장을 대할 때 한 가지 원칙만 지키면 된다. 바로 "당신의 최고 고객을 대하듯 사장을 대접하라!" —마셜 골드스미스

9장

자유롭고 떳떳한
삶을 위해
도전하고 책임질 용기

-목표 관리

죽어라 고민하는데
목표점에 다다르지 못하는 이유

우리는 전 단계로 거슬러 올라가, 목표 관리에서 가장 핵심 문제인 무엇이 목표 실현을 막는지에 대해서 생각해보자.

지난해 여름 미국 캘리포니아로 휴가를 다녀온 친구 뻬이뻬이는 자나 깨나 그곳 생각만 했다.

"캘리포니아의 공기, 햇살, 모래사장, 파도…. 정말이지 여기 미세먼지 가득한 하늘과는 비교도 할 수 없을 만큼 좋아! 게다가 할리우드며 구글이 있어서 사람들 생활이 또 얼마나 다채로운지…." 뻬이뻬이는 "그런 삶이야말로 진정한 삶이라고 할 수 있지. 우린 그저 '죽지 않고 살아 있는' 것에 불과하다고"라며 그들의 생활을 한없이 동경했다.

"그렇게 좋으면 거기서 살 생각은 안 해봤어?"라는 친구의 물음에 그녀는 바로 고개를 가로저으며 "그게 가능하겠어? 그냥 한탄이나 하는 거지, 뭐" 이렇게 말했다. 뻬이뻬이는 겨우 25세이고 젊기 때문에 보통 그렇게 살고 싶다면 지금 시작해도 늦지 않았다고 생각하겠지만 그녀는 달랐다. "불가능해. 난 회사가 항저우에 있잖아. 회사를 그만둔다고 해도 남자 친구도 항저우에 있고, 회사 옵션 받은 지 얼마 안 돼서 만 5년을 근무해야 현금화할 수 있어."

우리는 "그럼 딱 좋지 않아? 현금화한 돈으로 투자이민을 하면 캘리포니아에서 살 수 있겠네!"라고 했다. 그러자 뻬이뻬이는 또 비현실적이라고 생각했다. 지금은 투자이민 문턱이 너무 높아서 유학비자를 신청하는 편이 더 낫다는 것이다. 그런데 유학을 가자니 또 너무 어려울 것 같았다.

"졸업한 지 너무 오래돼서 영어를 다시 배워야 해. 지금도 이렇게 바쁜데 공부할 시간이 어디 있겠어. 돈도 너무 많이 들고…" 뻬이뻬이의 "캘리포니아가 너무 좋아서 거기서 살고 싶어"는 그저 말뿐인 것이다.

이는 비단 뻬이뻬이만이 아니라 우리 주변이나 우리 자신에게서도 자주 발생하는 상황이다. 나는 불만도 많고 하고 싶은 일도 아주 많으며 목표를 이루고 싶어 하면서도 왜 항상 제자리를 맴도는지 가끔 혼자 속상할 때가 있다.

뻬이뻬이의 사례로 돌아가보자. 만일 그녀가 정말로 노력하면 그 목표를 실현할 수 있을까? 사실 뻬이뻬이의 문제는 목표관리 노하우의 유무가 아니라, 스스로에게 이 노하우를 실천할 기회를 전혀 주지 않는 데 있다.

책임으로부터
도망치는 나

내가 시작을 못 하는 이유는 외부적인 원인 탓이다

위의 문제에 대해서 사람들은 대부분 "내가 시작하지 않는 데에는 다 이유가 있어요!"라고 한다.

"10시가 다 돼야 집에 가는데, 단어 외울 시간이 있겠어요?"

"늦게 퇴근하는데 헬스장에 갈 틈이 있겠어요?"

"겨우 이 정도 월급으로 어떻게 해외여행 가나요?"

정말 자신이 좋아하고 원하는 일을 하고 싶어 한다면 적어도 말은 할 것이다. 하지만 갖은 이유를 대면서 '왜 내가 못 하는지'를 설명하려고 한다. 그러므로 목표 관리에서 해결해야 하는 가장 큰 과제는 '내가 시작을 못 하는 이유가 외부적인 원인이 가로막고 있는 탓이다'라는 생각이다.

나는 죄가 없다

어느 부부가 심리 상담을 했다. 노발대발하며 남편의 '죄상'을 낱낱이 열거하는 아내의 불평불만이 끝나자 상담사는 "그 과정에서 당신은 어떻게 했나요?"라고 물었다.

아내는 억울해하면서 "전 아무것도 안 했어요. 시간이 지나니까 남편이 변하더라고요. 남자들이 다 그렇죠, 뭐"라고 했다.

상담사는 "아하! 남편이 당신한테 그렇게 하는데 당신은 아무것도 안 했군요!"라고 했다.

알아챘는가? 논리가 바뀌었다. "결혼생활이 행복하지 않지만 난 잘못이 없어. 아무것도 안 했으니까. 상대방이 나한테 잘해주지 않아서 그런 거야." 같은 말인 "나는 아무것도 안 했다"는 "결혼생활이 행복하지 않은 데에는 당신 책임이 있어. 당신은 아무것도 안 했으니까"로 해석할 수 있다.

이 부분을 직접 지적하면 불편하게 생각하는 사람들이 많다. 남편이 책임 떠넘기는 걸 거드는 건가요? 아내 쪽의 직무 유기라고 지적하는 건가요? 억울한 피해자는 아내인데, 왜 '피해자'에게 무엇을 하라고 요구하나요? 남편은 이 사태에 책임이 없나요?

그러나 이것이 바로 목표 관리의 핵심이다.

"아무것도 안 한 것처럼 들리지만 사실 난 중요한 일 한 가지를 했어요. 선택이었는데, 바로 '아무것도 안 한다'라는 선택이었죠." 이 점을 깨달아야만 당신은 주도권을 되돌릴 수 있다.

무슨 말인지 이해는 하면서도 일부는 여전히 불편해할 것이다. 그러나 목표에 도달하기 위해서 당신은 필히 이런 불편함에 익숙해져야 하는데, 이런 불편한 느낌을 '책임감'이라고 한다.

주변의 사례 몇 가지를 같이 살펴보자.

헬스장을 다니기로 했으면 가능한 한 일을 더 효율적으로 끝마쳐서 짬을 내야 하며, 설령 헬스장에서 운동을 했는데도 살이 빠지지 않았다면 스스로 책임져야 한다. 만일 직업을 바꾸고 싶다면 전업(轉業)에서 오는 스트레스를 감당하고 자신의 능력을 향상해야 하며, 그 결정에 책임을 져야 한다.

《핵심 대화》라는 책에 인상 깊은 사례가 소개되었다. 어떤 여성이 편도선 제거 수술을 받으러 병원에 갔는데, 수술팀이 실수로 그만 그녀의 일부 발가락을 잘라버렸다. 너무 충격적이지 않은가? 어떻게 이런 황당한 일이 벌어질 수 있을까?

그러나 미국에서 사람의 실수 때문에 발생하는 의료 치사사건이 해마다 약 20만 건에 달하며, 원인의 대다수가 의료진이 솔직한 생각을 말하지 못했기 때문이라는 사실을 아는 사람은 별로 없을 것이다. '편도선' 의료 사고를 조사하던 중 최소 7명의 관련자가 마음속으로 의심을 했으며, 왜 환자의 발 부위에 수술을 하는지 이해할 수 없어 했다는 사실이 밝혀졌다. 그러나 아무도 말을 하지 않았다. 일단 의문을 제기하면 의사에게 욕을 먹고, 의심을 받으며, 수술 시간을 허비하는 등에 따른 책임을 질 가능성이 있기 때문이다.

대부분의 사람들은 보통 일하기 전에 이미 잠재의식 속에서 어떤 장면을 살짝 그려본다. 자기가 이렇게 하면 어떤 책임을 져야 하나? 고통스러운 사색 과정을 감당하고, 그 목표로 인한 스트레스를 감당해야 한다. 또한 실패를 겪을 때의 좌절감과 실패 후의 질책도 감당해야 한다. 이런 일들이 바로 우리가 피하고자 하는 '책임'이다. 만일 당신이 영원히 자신의 목표를 시작하지 않는다면 이런 책임을 질 필요가 없다. 이 일을 '시작하지 않는' 이유를 100가지 찾아서 합리화하다가 끝내 당신 자신마저 '이것들은 외부 원인이지 내 문제가 아니야. 난 아무것도 안 했어'라고 철석같이 믿게 된다.

그렇다면 목표는? 당연히 실현할 방법이 없다.

그건 내 책임이 아니다

목표에는 필연적으로 책임이 따른다는 것을 깨달은 당신, 목표를 실현할 수 없다며 쉽사리 회피할 것인가?

내 친구 쯔산은 아주 좋은 직장에 다녔다. 자신의 장점도 발휘할 수 있고 급여 조건도 좋았다. 그런데 얼마 전 갑자기 이직했다는 말에 나는 깜짝 놀라 이유를 물었다.

쯔산은 "나는 일할 때 원칙이 있어. 그런데 우리 마케팅 책임자가 너무하더라고. 그 사람은 분명 나하고 직급이 같은데도 날마다 내 업무상 결점을 들춰내면서 이게 별로니 저게 틀렸니 하고, 심지어 사장한테 가서 고자질까지 하는 거야. 우리가 같이 토론한 방안인데, 공은 다 자기 덕분이고 작은 문제라도 나오면 내 탓으로 돌린다니까. 정말이지 그 사람하고는 더 이상 같이 일할 수 없어서 내가 나와버렸어!"라고 했다.

나는 이상하다는 생각이 들었다. "그 마케팅 책임자만 아니라면 계속 회사에 남고 싶어?"라고 묻자, 쯔샨은 "당연하지! 나도 나오고 싶지 않았어. 그런데 그 사람이 회사에 같이 있으면 난 편하게 지낼 수가 없어"라고 대답했다.

내가 "너는 왜 그 사람이 네 생활의 중심이 되게 하는 거야?"라고 묻자 쯔샨은 멍해져서 한참을 생각하고는 문제가 어디에 있는지 깨달은 듯했다. 그와 동시에 어떤 스트레스를 느꼈는지 "그렇다고 내 탓을 할 수는 없지!"라고 특히 강조했다.

그래서 내가 물었다. "그러니까, 넌 책임질 필요가 없다고 생각한다는 거지?"

내 질문에 쯔샨은 아주 당당하게 "당연하지! 왜 내가 책임을 져야 하는데? 난 아무 잘못 없어. 전부 그 마케팅 책임자가 너무한 거야"라고 대답했다. 나는 이어서 "네가 사직한 건 누구 문제라고 생각해?"라고 추궁했다.

그녀는 아무 망설임 없이 "당연히 마케팅 책임자 문제지!"라고 대답했다. 나는 이 대답에 이어 다시 "누가 이 문제를 해결해야 하는데?"라고 물었고, 쯔샨은 곧바로 "당연히 그 사람이 해결해야지"라고 대답했다. 내가 또 "그럼 이 문제를 해결하지 못하면 누구 손해야?"라고 묻자, 이때 약간 기가 살아난 쯔샨이 "몰라서 물어? 당연히 내 손해지!"라고 대답했다. 나는 마지막으로 "그러니까 만일 그 사람이 이 문제를 해결하지 않으면 손해 보는 사람은 너네?"라고 물었다.

쯔샨은 이 대목에서 말을 멈췄다. 그러고는 "갑자기 내가 그 사람한테 조종당했다는 기분이 들어"라고 했다.

대화가 진전되면서 점차 문제가 어디에 있는지 보였다. '다른 사람 때문에 문제가 생겼으니까 당신이 목표를 이루도록 그 사람이 주도적으로 도울 것이다'라는 망상에 빠지면 안 된다. 만약 망상에 빠질 경우 당신은 그 망상 때문에 피해를 볼 뿐만 아니라 남에게 제약을 받아서 목표 실현의 주도권을 남에게 내주게 된다. 자신을 위해 책임지기로 선택했을 때 비로소 자신을 '다른 사람에게 지배당하는' 위치에서 해방할 수 있다.

분석심리학의 창시자 카를 융(Carl G. Jung)은 "생명을 당신의 손에 두면 당신에게는 다른 사람을 탓할 일이 없다는 사실을 발견할 것이다"라고 했다. 이 말을 명심하면 많은 목표를 실현하는 것이 아마도 그렇게 어렵지는 않을 것이다.

일 잘하는 사람들의
세 가지 방법

목표 실현의 걸림돌이 무엇인지 확실히 인식하면 행동을 할 수 있다. 그렇다면 구체적으로 어떻게 해야 외부의 어려움을 우리 스스로의 책임으로 바꿀 수 있을까? 우선 종이 석 장과 펜을 준비하고, 나와 함께 한 단계씩 생각의 전환을 완성해보자.

먼저 구체적인 사례를 함께 살펴보자. 시가 총액이 630억 달러가 넘는 미국의 대형 소매 유통업체 타깃(Target)은 '유통업계의 애플, 디자인의 왕'이라고 불리지만 1992년에는 시가 총액이 30억 달러인 지역 유통업체에 불과했다. 참고로, 당시 경쟁상대인 월마트의 시가 총액은 타깃의 10배였다. 타깃은 회사 규모는 작았지만 큰 목표가 있었다. 바로 제품 디자인을 바꿔서 사람들의 사랑을 받는 트렌드 브랜드가 되는 것이었다.

회사 혁신의 최대 원동력은 로빈 워터스라는 직원이었다. 패셔니스타인 그녀는 1992년 타깃에 입사한 뒤 '기성복' 트렌드 부서의 매니저를 맡았다. 그녀에게는 회사의 주력 디자인 브랜드를 만들어 트렌드를 지배하겠다는 직업 목표가 있었는데, 이는 회사가 혁신하고자 했던 목표와 딱 들어맞았다.

그러나 모든 직원이 다 그렇게 생각한 것은 아니었다. 실제로 판매하는 제품이 대부분 월마트를 거의 그대로 베낀 것이었으며, 구매 담당자들은 데이터만 맹신한 나머지 작년에 잘 팔린 제품을 올해도 계속 팔았기 때문에, 이처럼 그저 그런 방식에서 맴돌다가 트렌드에 뒤떨어지고 말았다.

현실과 목표 사이의 괴리가 너무나 컸다. 워터스는 회사에 입사한 지 얼마 안 된 터라 자원도 없고 인력도 없었으며, 구매 담당 직원에게 명령할 권력은 더더구나 없었다. 그렇다면 그녀는 어떻게 회사를 패션 트렌드 브랜드로 만들었을까?

역설 질문하기

워터스의 최대 걸림돌은 무엇인가? 만일 그 걸림돌이 계속 남아 있다면 그녀는 자신의 목표를 실현할 방법이 없는가?

이를테면 그녀가 목표를 실현할 수 없게 하려면 구매 담당자는 계속해서 신제품을 구매하지 않기만 하면 된다. 이 구매 담당자들이 계속 신제품을 구매하지 않으려면 계속 판매 데이터만 주시하면서 결정하면 된다.

약간 말장난 같은 이 질문은 심리상담의 질문 방식 중 하나인 '역설 질문'이라고 한다. 즉 어떻게 문제를 가중시키는지 당사자가 상반된 방향으로 사고하게 함으로써 문제 해결 방법을 찾는 것이다.

이는 우리가 흔히 사용하는 질문법과 대조적이다. 우리는 보통 자신에게 '이 목표를 실현하려면 무엇을 해야 하지?'라고 질문하고는 '안 돼. 내가 하려고 한들 무슨 소용이 있겠어? 걸림돌이 이렇게 많은데…'라며 스스로를 부정한다. 그렇다면 이제는 바꿔서 책임을 회피하는 마음가짐으로 이 속에서 키포인트를 찾아보자. 목표 실현에 걸림돌이 되는 것에는 도대체 어떤 것들이 있을까? 핵심 인물은 누구인가?

역설 질문을 통해서 걸림돌이 무엇인지, 문제의 핵심 인물이 누구인지, 그들이 무엇을 하는지 확실하고 구체적으로 볼 수 있다. 우리는 목표가 너무 멀고 어렵게만 느껴져서 절대 이룰 수 없다고 생각했다. 이는 '공포'와 '불안'에 가로막혀 도대체 뭐가 문제인지 정확하게 보지 않았기 때문이다. 종이와 연필로 리스트를 열거하면 머릿속으로 생각했던 여러 걸림돌을 구체화할 수 있다. 그 걸림돌들은 어쩌면 우리가 생각한 것처럼 그렇게 크지도 어렵지도 않을 수 있으며, 어떤 사람은 리스트 작성을 마치자마자 자신이 어떻게 해야 하는지 깨닫기도 한다.

주어 전환하기

'걸림돌 리스트'를 완성했으면 두 번째 종이에다 스스로에게 두 번째 질문을 한다. '이 걸림돌을 없애기 위해서 나는 무엇을 할 수 있는가?'(주의 사항 : 이 질문에서는 주어가 나 한 명이어야 한다.)

워터스의 사례로 돌아가자. 핵심 걸림돌이 무엇인지 깨달은 그녀는 바로 이어서 '내가 무엇을 해야 구매 담당자들이 무턱대고 데이터를 맹신하지 않고 다른 요소들에 마음이 움직일 수 있을까?'라는 문제에 대한 의문을 풀었다.

워터스는 빛깔이 화려한 초콜릿사탕을 몇 봉지 사서 회사 회의실로 들어가 유리그릇에 와르르 쏟았다. 총천연색 폭포 같은 모습을 본 사람들이 모두 "와!" 하며 탄성을 내질렀다. 워터스는 바로 "보셨죠? 여러분이 얼마나 색깔에 민감한지"라고 했다. 그녀는 또 실제 의류를 디스플레이해서 여러 색깔의 샘플을 늘어놓고 구매 담당자에게 비교해보게 했다. 그 결과 당시 구매 담당자들이 선택한 감청색 폴로셔츠가 한 철 동안 불티나게 팔렸다.

이 장 첫머리에서 함께 진단했던 출국 사례를 기억하는가? 페이페이가 정말 투자이민을 준비하게 하려면 그녀는 무엇을 해야 할까? 역설 질문과 주어 전환을 통해 한번 해보자.

"너를 계속 국내에 남아 있게 하려면 어떻게 해야 할까?"
페이페이 : "남자 친구가 계속 국내에서 일하면 되는 거지."

"네가 뭘 해야 남자 친구가 직업 바꾸기를 고려할까?"

뻬이뻬이 : "음…. 우선 몇 년 기다렸다가 스톡옵션을 현금화한 뒤에 다시 이 일을 생각해봐야 할 것 같아."

별로 어렵게 들리지 않는다. 적어도 뻬이뻬이는 자신이 해야하는 1단계와 2단계가 무엇인지 잘 알고 있었다. 바로 교류와 기다림이다. 이렇게 간단한 대화로 본래 '불가능'했던 일이 '가능'한 일로 바뀌었다. 여기에는 한 가지 비결이 있다. 어떤 어려움에 마주치든 주어는 영원히 '나'라는 것이다. 당신만이 당신 생활의 진정한 주인이기 때문이다.

일단 키포인트만 찾으면 어려움에 대응할 능력이 생긴다. 예를 들어 원래 뻬이뻬이는 자신이 남자 친구에게 얘기하면 그가 분명 "이런 주제는 얘기하고 싶지 않아!"라며 귀찮아하리라고 추측했다. 추측이 이 단계에 이르면 그녀는 어쩌면 자신에게 "됐다, 됐어. 난 아무래도 안 되겠어"라고 말해버릴지도 모른다.

하지만 새로운 방법이 생긴 그녀는 머릿속으로 '내가 무엇을 해야 남자 친구가 계속 나랑 얘기하고 싶어 할까?'라고 질문해간다. 이렇게 하나하나 천천히 질문하면서 시간이 오래 걸려도 괜찮다. 가장 완벽하고 효과 있는 해결책을 찾는 과정에서 조급해할 필요는 없다. 생각하면서 시도하고 조정하다 보면 이 과정에서 목표의 윤곽이 하나하나 차츰 드러난다.

대가 인정하기

당신은 이미 종이 두 장을 다 썼다. 이제 세 번째 종이를 꺼내 자신에게 가장 마지막 질문을 던져보자. '만일 진짜 이 일을 하면 나는 어떤 대가를 치러야 하는가?' 또는 '나는 어떤 새로운 도전에 직면하게 될까?'

워터스는 구매 담당자에게 자신의 제안을 받아들일 것을 끈질기게 설득했으며, 화려한 색상의 트렌드 의류를 판매할 때 자신이 직면해야 할 도전이 무엇인지 확실히 알고 있었다. 바로 판매 리스크를 감당해야 했다. 그녀의 행동 때문에 회사가 큰 손실을 입을 수도 있기 때문이다. 뻬이뻬이도 마찬가지다. 만일 남자친구가 결국 그녀의 해외거주 목표를 찬성하고 지지한다면 그녀는 이어서 퇴직, 영어 공부, 신청 서류 준비 그리고 20년 넘게 살아온 환경과의 작별, 친숙한 사람과의 이별, 낯선 곳에서의 시작이라는 도전에 직면해야 한다.

이제 세 번째 종이에는 목표에 따르는 책임을 열거해보자. 우선 내가 바쳐야 하는 것, 내가 얻게 될 것, 내가 직면할 수 있는 것 크게 세 개 항목으로 분류한다. 당신이 바쳐야 하는 시간·자금·인력·대가 등을 첫째 칸에 적고, 얻게 되는 이익·성장치·성취감·부가가치 등은 둘째 칸에 적는다. 당신이 견뎌야 하는 스트레스, 리스크, 책임, 좋지 않은 결과 등을 셋째 칸에 적는다. 뻬이뻬이의 해외이민 목적을 예시로 작성해보자.

내가 바쳐야 하는 것	내가 얻게 되는 것	내가 직면할 수 있는 것
소통 비용	동경하는 생활 패턴	환경의 불확실성
영어 학습 시간	환경 : 햇살, 모래사장, 공기	투자 이민의 리스크
이민 준비 작업	새로운 생활 체험	일시적인 외로움
자금	도전적인 일	문화 차이
…	…	…

이 세세한 항목들을 수치 형식으로 비교하고 표를 정리하는 과정에서 항목별로 차지하는 비중치를 적는다. 이렇게 하면 구체적이고 활용할 수 있는 목표가 완벽하게 눈앞에 나타난다.

당연히, 당신은 감당해야 할 책임을 보고 다시 망설일 수도 있고 현재 목표를 포기하거나 조정할 수도 있다. 이는 당신이 이성적인 평가를 한다는 뜻이므로 나쁜 일이 아니다. 설령 이 목표를 이루지 않는 쪽을 선택한다고 해도 선택권은 당신 손안에 있다. 이것이야말로 가장 핵심적인 부분이다. 당신이 자신의 주인이 되고 자신의 모든 결정에 전적으로 책임을 진다.

도망치는 것도
하나의 선택이다

나는 미국 정신분석 심리학자 에리히 프롬(Erich Fromm)이 쓴 《자유로부터의 도피》를 좋아한다. 책 제목만 보면 많은 사람들이 어리둥절해한다. 자유는 모든 이가 동경하고 추구하는 바이며, 우리가 일생을 빈궁하게 사는 것도 바로 자유를 추구하기 위해서인데, 왜 그것에서 도피한단 말인가?

이런 의문에 대해 프롬은 자유에도 대가가 있기 때문이라고 말한다. 이것은 당신이 반드시 스스로 독립적으로 결정하고 그 일에 책임을 져야 한다는 뜻이다. 어느 정도는 의존했던 것을 포기해야 한다. 부모를 떠나 혼자 생활하기로 했다면 이는 더 이상 아무도 당신을 위해 비와 바람을 막아주지도, 지극정성으로 돌봐주지도 않는다는 뜻이다. 당신이 창업을 선택했다면 기존의 안정된 직업과 터전을 잃게 된다는 뜻이다. 자유의 대가로 당신은 어떤 안정감을 잃고 외로워지며 불안과 무기력을 느끼게 된다.

이런 자유를 원할 용기가 있는가?

지금과는 다른 생활, 뭔가 해보려는 시도, 목표 실현, 인생의 다음 단계로 진입하기 같은 일에는 모두 대가가 따른다. 이쯤 되면 어떤 사람들은 슬슬 망설이며, 자신이 감당하고 싶지 않은 책임과 대가를 보고는 도피를 선택하기도 한다. 도피는 단지 선택일 뿐, 나쁜 일이 아니다.

그러나 만일 "어휴, 정말 불공평해. 나는 왜 내가 원하는 삶을 살 수 없을까"라며 계속 한탄한다면 나는 "불공평한 건 없어. 그건 네가 '시작하지 않기'를 선택한 결과야"라고 말해줄 수밖에 없다.

이 모든 것은 목표 관리의 전제로 당신이 내딛는 첫걸음이자 가장 중요한 발걸음이다.

1. 만일 당신이 오늘부터 3개월 안에 5킬로그램을 감량하기로 내기를 했다고 하자. 정말 준비가 됐는가? 어떻게 하면 목표 관리 방법을 이용해 이 내기에서 이길 수 있을까?

_____

_____

_____

_____

2. 앞에서 권력 관리에 대해서 배웠다. 목표 관리 중에서 권력 관리의 핵심이 필요한 곳은 어느 부분일까? 또 어떻게 사용해야 할까?

_____

_____

_____

_____

9장 목표 관리

당신이 목표 관리를 달성하지 못하는 이유는 시작조차 하지 않기 때문이다

1. 왜 목표를 시작하지 않는가?

  1.1 외부요인 때문에

    잘못된 인식 : 내가 시작할 수 없는 이유는 외부의 요소가 시작을 막기 때문이므로 내 문제가 아니다

  1.2 나는 아무것도 안 했다

    ⓐ 나는 죄가 없다

      내가 아무것도 안 하는 것처럼 보이지만 사실 선택을 했다. 아무것도 안 하기라는 선택

    ⓑ 나는 책임으로부터 도피한다

  1.3 나는 목표를 위해 책임져야 하며, 책임은 미룰 수 없는 것이다

    "위대함의 대가는 책임감이다." 이를 "목표 달성의 대가는 책임감이다"로 바꿔보자

2. 관리 목표를 어떻게 시작해야 하는가

  2.1 역설 질문 : 예컨대 당신의 목표가 계속 실현될 수 없게 하려면 누가 계속 무엇을 해야 하는가?

  2.2 주어 전환 : 걸림돌을 없애기 위해 나는 무엇을 할 수 있는가?

  2.3 목표 명확히 하기 : 실현 과정 중 나는 어떤 대가를 치러야 하는가?

사례 :

◆ 영어를 배우고 싶은데 왜 늘 중도에 포기하는 걸까?

◆ 분발해서 다이어트를 하려고 하는데 왜 갈수록 살이 찔까?

◆ 해외여행을 가고 싶은데 왜 늘 여권조차 만들지 못할까?

◆ 회사를 그만두고 싶은 이유가 왜 항상 다른 사람 때문일까?

어떤 상황이든,
어떤 사람에게든 통하는
주도성 수업

- 격려 관리

주도성을 요구할수록
주도성은 멀어진다

　직장에서 사장은 직원이 사장이 하는 말을 기계처럼 그대로 따라 하는 것이 아니라 주도적으로 역할을 맡고 생각의 방향을 확장해서 더 효과적인 솔루션을 제시하기를 바란다.

　나도 일하면서 이런 상황을 겪은 적이 있다. 어떤 파트너가 있었는데, 일을 안 하는 것은 아니었지만 유달리 수동적이어서 늘 내가 재촉해야 했다. 나는 그 사람이 적극적이고 주도적으로 일하기를 기대했지만, 그는 일이 자신을 찾아주길 기다리는 듯 했고 '일이 나를 괴롭히지 않는 이상 내가 일을 괴롭히는 일은 절대 없다'는 태도를 보였다. 나는 미칠 지경이었다. 마음이 너무나 피곤했으며 '왜 번번이 내가 요구사항을 제시해야 하지?' '어째서 그 사람은 주도적으로 일하지 않는 걸까?'라며 괴로워했다.

　그러던 어느 날, 성공한 기업가 선배와 회의를 하게 되었다. 내가 팀에서 이리저리 뛰어다니는 모습을 본 그는 웃으며 "당신이 그 사람한테 주도적이기를 '요구'할 때 그는 이미 수동적이라는 사실 알아챘나요?"라고 말했다. 그 말의 뜻을 이해하지 못한 내가 멍하니 있었더니 그는 "그거 아십니까? '외부적 요구'를 통해서 그가 '자발적인 주도성'을 취하게 하는 것 자체가 논리상의 역설이라는 점 말입니다"라고 덧붙였다.

그 말이 나에게 얼마나 충격이었는지 아직까지도 기억이 생생하다. 그날 나는 드디어 내가 피곤했던 이유를 깨달았다! 그랬다. 나는 줄곧 상대방이 '주도적'이기를 원했지만, 내가 입을 열어 상대에게 주도적이 되기를 요구하는 순간 그가 무엇을 하건 내 요구사항에 영합하는 것이므로 주도성을 잃게 된다.

우리가 원하는 '자발적' '주도적'은 '요구'하지 않아도 상대가 마음속의 움직임으로 일해서 우리의 기대에 미치거나 기대를 뛰어넘는 것이다. 그러나 일단 상대에게 '주도적'이기를 '요구'하는 바로 그 순간, 그가 무얼 하든 안 하든 우리의 요구사항에는 다다르지 못한다.

크리에이티브는
기존의 성과 방식으로 단련되지 않는다

'그에게 주도적이기를 요구할 방법이 영원히 없다'는 사실을 깨달은 나는 업무 측면에서 일부 사항을 조정했다. 예를 들어 외부 인센티브를 적용하고 매우 정교한 성과 시스템을 마련했으며, 업무량과 상여금을 직접 연관시켜 모두가 자신이 얼마만큼의 실적을 달성하면 얼마만큼의 소득을 얻을 수 있는지 알 수 있게 했다. 그러나 실제로 실천하는 과정에서 점차 여러 가지 문제가 발견됐다. 무슨 문제일까? 우선 미국의 프린스턴대학교에서 진행한 대비실험을 함께 살펴보자.

이 실험에서 참여자들은 모두 똑같은 문제를 푼다. 실험실에 양초 한 개와 압정 한 상자, 성냥이 놓여 있다. 참여자는 양초를 벽에 고정하되 촛농이 바닥에 떨어지면 안 된다는 지침을 전달받았다.

실험 전 첫 번째 팀 참여자들은 이것은 실험일 뿐 보상은 없으며, 다들 얼마 만에 해결방법을 생각하는지 보기 위한 실험이라고 했다. 그러나 다른 팀 참여자들은 참여자 가운데 4분의 1이 보상을 받을 수 있는데, 문제를 푼 사람은 5달러를 받을 수 있고 제일 먼저 푼 사람은 20달러를 받을 수 있다고 했다.

양초 문제는 그렇게 간단하지 않았다. 참여자는 양초를 벽에 고정하되 촛농이 바닥에 떨어지면 안 된다. 그러나 모두 실패로 끝났다. 5~10분 정도가 흐르자 한 참여자가 해결방법을 발견했다. 압정을 담았던 상자를 압정으로 벽에 고정한 다음 양초를 상자에 넣으면 문제가 해결되는 것이었다.

어느 팀이 문제를 더 먼저 맞혔을까? 어떤 사람들은 "당연히 보상이 주어진 팀이 먼저 방법을 생각해냈을 것이다"라고 말했다. 그러나 실제는 달랐다. 보상이 있는 팀이 보상이 없는 팀보다 평균 3분이 더 걸렸다.

일반적인 비즈니스 법칙이 어째서 실험실에서는 통하지 않았을까? 우리가 직원에게 성과, 배당, 상여금, 선물을 주는 이유는 더 강한 동기를 불러일으키기 위해서인데 말이다.

그렇다면 비슷한 실험을 보자. 임무는 동일했지만 제공된 아이템이 달랐다. 압정은 이미 상자에서 꺼내져 있었다. 압정을 상자에서 꺼내면 이 문제는 아주 간단해진다. 다들 아주 빨리 방법을 생각해냈는데, 보상이 있는 팀이 보상이 없는 팀보다 훨씬 먼저 방법을 생각해냈다. 이건 왜일까?

처음 실험에서는 발산적인 사고를 통해 양초를 지탱할 판을 찾아야 했다. 부술 수 있는 물건, 다시 만들 수 있는 물건, 사용할 만한 물건이 있는지 사방을 관찰하고 찾아야 했다. 그러나 두 번째 실험에서는 집중력만 있으면 해결방법을 찾을 수 있었다.

일반적인 격려 방법이나 징벌 조치는 '결과'에 더 관심을 두게 하고, 사람의 시각을 더욱 집중시키며, 주의력을 축소해서 생각의 방향과 상상력을 제한하고 시야를 더욱 좁게 만든다.

그렇기 때문에 기존의 격려 방법은 규칙이 간단하고 목적이 분명하며 기계처럼 반복하는 업무에 더욱 효과적이다. 이에 반해 창의력과 상상력이 많이 요구되는 업무에서는 일반적인 인센티브가 오히려 역효과를 낳는다.

이것은 비즈니스 사회가 아닌 실험실에서 발생한 사례일 뿐이므로, 그렇게 섣불리 판단할 수 없다고 생각할 수도 있다. 그렇다면 현실의 사례는 어떨까?

십 몇 년 전 마이크로소프트는 '마이크로소프트 백과사전'이라는 계획을 시작했다. 가장 흔한 비즈니스 운영 모델을 사용한 마이크로소프트 백과사전은 전문가에게 돈을 지불해 백과 유형의 글을 편집하고, 프로젝트 팀장이 시간과 예산을 관리했다.

몇 년 후 또 다른 백과사전 계획이 시작되었는데, 유형이 전혀 달랐다. '자유로운 백과사전'이라는 슬로건을 내건 비영리 모델로, 누구든 인터넷을 통해 표제어를 올릴 수 있었다. 이 두 가지 모델 가운데 어느 쪽이 이겼을까?

두 번째 운영 모델을 사용한 것이 위키피디아다. 2015년 11월

기준 위키피디아는 280개 언어로 이루어진 독립 운영 버전을 갖췄으며, 표제어가 4,000만 개를 넘고 총 편집 횟수는 21만 회가 넘는다. 모든 언어의 문자를 출력한다면(사진 제외) 대략 브리태니커 백과사전 1만 5,090권에 해당하는 수준이다.

나는 기존의 성과 방식을 뒤집을 마음은 없다. 100년 동안 검증된 관리방식은 분명 그 가치가 있다. 그러나 우리는 시대가 변했다는 사실을 인정해야만 한다. 2017년 10월 BBC는 케임브리지대학교의 데이터 체계를 바탕으로 365개 직업군에 대해 미래에 '사라질 확률' 분석 보고서를 발표했다. 그중 텔레마케터가 인공지능으로 대체될 확률이 99%로 가장 높았으며 타자수 98.5%, 전화 교환원 96.5%, 계산원 95.6% 순으로 나타났다.

점점 스마트화하는 오늘날 사회에서 반복되고 단조롭고 기계적인 업무는 하청을 줄 수 있으며 기계로 인력을 대체할 수도 있다. 그 밖에 낮은 수준의 창의력이 필요한 업무에서도 인공지능이 높은 수준에 다다랐다.

크리에이티브와 상상력을 요하는 업무가 점점 중요해지는 상황에서 일반적인 격려수단으로는 이런 역량을 높이는 건 무리가 있어 보인다.

일단 제대로 뒤집어보면
상대의 숨은 역량이 보인다

이때 "더 많은 주도성이 필요한 이 시대에 주도성을 요구할 수 없다면 속수무책 아닌가?"라고 물을 수도 있다. 주도성은 요구할 수는 없지만 '보이기' 때문에, 보이기만 하면 사용할 수 있고 타인과 더 좋은 협력을 이끌 수 있다.

반어적 표현

심리학자 한 명이 이런 사례를 놓고서 나와 함께 얘기 나눈 적이 있다. 자신을 방문한 어느 학부모가 자기 아이는 주관이 없고, 무엇이 필요한지 물을 때마다 "엄마가 말해봐"라고 한다고 했다. 그럴 때마다 아이에게 혼자 생각해보고 나서 말하라고 했지만 아이는 듣지 않았다. 이 부모는 '어떻게 하면 아이가 더 주관을 갖게 할 수 있을까?' 고민했다. 이에 대해 심리학자는 "저는 아이가 주관이 뚜렷하다는 생각이 드는걸요. 부모님이 온갖 방법을 다 동원해서 '자기 생각이 있으면 말해야 해'라고 하지만 아이는 아주 끈질기게 말을 안 하잖아요. 이건 주관이 아주 뚜렷한 모습 아닌가요?"라는 반응을 보였다고 한다.

재미있지 않은가? 부모 눈에는 주관이 없는 아이가 전문가 눈에는 주관이 있어 보이는 것이다. 이런 차이는 왜 나타날까? 이유는 아주 간단하지만 우리가 평소에 깨닫지 못하는 부분이다. 부모는 아이가 주관이 없다고 생각하지만, 그것은 어디까지나 아이의 '주관'이 부모가 원하는 것과 다르기 때문에 부모가 볼 수 없을 뿐이다. 부모는 '자기가 원하는 것을 고르는 것'이야 말로 주관이 있는 태도라고 여기기 때문이다. 아이는 '주도적으로 자신의 선택'을 하고 자기가 주도적으로 선택한 대로 이행하고 있는데도, 부모는 그것이 자신들이 원하는 바가 아니기 때문에 주관이 없는 태도처럼 비치는 것이다.

우리는 타인에게 있는 것이 우리가 원하는 것과 다르다는 이유로 보고도 못 본 척하고 생각의 사각지대로 떨어진다.

'주도성' 역시 같은 이치다. 그렇다면 어떻게 해야 이런 생각의 사각지대를 피할 수 있을까? 타인의 주도성을 찾고 싶다면 반어적 표현을 시도해봐도 괜찮을 듯하다. '반어적 표현'에 대한 이해를 도울 수 있는 생각 전환 공식이 있다. 바로 '그는 주도적으로 A 일을 하지 않는다=그는 주도적으로 B 일을 한다'이다.

내 친구 왕은 한동안 아이가 학원 가는 것을 거부해서 걱정이었다. 아이는 학원 갈 시간이 되면 번번이 꾸물거리면서 아주 '충분'한 이유를 댔다. 어느 날, 학원 갈 시간이 됐는데도 아이는 집을 나서려 하지 않았다. 친구와 장난감을 갖고 놀면서 "조금 더 놀게요. 샤오왕이랑 미션을 완성해야 하거든요!"라고 말하고 친구에게는 "샤오왕, 내일도 우리 집에 놀러 와!"라고 했다. 샤오왕이 "엄마가 내일 비 온다고 했는데"라고 하자 아이는 바로 "괜찮아. 내가 너네 집으로 갈게"라고 했다. 두 아이 사이에 느릿느릿 오가는 대화를 들으며 예전 같으면 진작 노발대발했을 내 친구 왕은 그날 '반어적 표현' 방법을 시도해본 결과, 문득 '아이가 주도적으로 학원에 가지를 않는다 = 아이가 아주 주도적으로 친구와 놀이를 한다'는 사실을 발견했다.

내 친구 왕은 갑자기 아이디어가 하나 떠올랐다. 바로 샤오왕이랑 딸을 학원에 같이 보내는 것이었다. 이렇게 간단한 변화 덕분에 지금은 딸이 학원에 가는 것을 아주 즐거워한다.

이 사례에서 친구의 아이가 주도적으로 학원에 가지 않은 것은 아이가 주도적으로 사교시간을 연장한 것과 동일하다. 전에는 아이가 '주도적이지 않다'고 느꼈는데 이 공식을 사용하자 고정된 생각이 한 번에 깨졌다. 이것이 바로 내가 말한 반전 능력을 활용한 첫 번째 방법인 '반어적 표현'이다.

외재화 질문법

반어적 표현을 통해 우리는 예전에 소홀히 했던 '주도성'을 쉽게 보게 되었다. 그러나 이 주도성을 어떻게 잘 사용할지는 또 새로운 도전이다.

창업자 친구인 셸린은 최근 기술능력이 뛰어난 프로그래머 때문에 고민이 많았다. 그 프로그래머는 업무능력은 뛰어났지만 '게으름'을 피웠다.

그래서 셸린은 '반어적 표현' 방식을 사용하여 '이 프로그래머는 주도적으로 일을 하지 않는다 = 매우 주도적이고 적극적이며 밥 먹고 잠자는 것도 잊을 정도로 온라인 게임을 즐긴다'는 것을 알아냈다. 하지만 문제가 있었다. 그도 주도적일 때가 있다고 알아내긴 했지만 뭘 어떻게 할 것인가?

이 시점에서 사용할 수 있는 두 번째 방법은 그가 '주도적'인 연유를 찾아 이 주도성을 사용하는 쪽으로 나가는 것이다. 이 방법을 '외재화 질문법'이라고 한다.

예를 들어 게임을 좋아하는 프로그래머의 경우, 나는 셸린에게 왜 그렇게 게임을 좋아하는지 그에게 물어보라고 했다. 프로그래머는 공손하게 "저는 바쁜 가운데 짬을 내서 긴장 좀 풀려는 생각이었는데, 안 할게요"라고 대답했다.

셸린은 "급한 거 아니에요. 나는 그냥 게임 얘기를 하고 싶어서 그랬어요"라고 말했다. 그러고는 탁자 위에 있는 토끼 인형을 들고서 "이 토끼를 '게임'이라고 가정 해봐요. 만일 내가 이 토끼한테 당신에게 어떤 장점을 가져다주는지 묻는다면, 이 토끼는 뭐라고 대답할까요?"라고 물었다. 프로그래머는 쑥스러운 듯 "그냥 노는 거예요. 별다른 장점은 없어요"라고 대답했다.

이때 셀린은 자신이 말하는 의미를 확실하게 표현했다. "그건 당신 대답이죠. 당신은 별 장점이 없다고 생각하는 거고. 나는 이 토끼한테 묻는 거예요. 이 토끼가 매일 당신과 함께한다는 건 분명 당신한테 큰 도움이 된다는 뜻이잖아요. 난 지금 얘한테 묻고 있어요. '저기, 게임아. 넌 매일 그와 함께하잖아. 그런데 이 사람은 네가 별 장점이 없다고 하는데, 너도 그렇게 생각하니?'"

잠시 생각하던 프로그래머는 '게임' 역할을 맡더니 "저는 그 사람한테 많은 즐거움을 주는 것 같아요"라고 했다.

"어떤 즐거움이지?"

"필요로 한다는 느낌이요."

"일을 통해서는 필요로 한다는 느낌을 받을 수 없어?"

"달라요. 일은 한 사람이 코드를 적는 것이지만, 게임은 모두 함께 파티를 이루고 인스턴스 던전을 고르면서 팀원들끼리 각자 기술로 협동하다가 끝내 이기면 팀원들 모두 기뻐하거든요. 그게 필요로 한다는 느낌이에요."

셀린은 순간 동료가 원하는 것이 '팀플'의 느낌이라는 점을 깨달았다. 전에는 한 번도 그렇게 생각해본 적이 없었다.

외재화 질문은 긍정적인 각도에서 타인이 어떤 일을 하는 이면의 이유를 심층적이고 구체적으로 찾도록 도와주며, 그렇게 해서 찾아낸 이유는 틀림없이 긍정적이고 충분히 좋은 것이다. 그래야만 우리가 '적극적으로 사용'할 수 있기 때문이다.

적극적인 사용

'이유'를 찾는 것은 그 사람을 위해 구실을 만들거나 핑계를 대기 위해서가 아니다. 구실을 만드는 것은 문제에서 도피하는 행위이지만, 그가 이 일을 하는 이면의 이유를 찾아내는 것은 '문제'와 정면으로 부딪쳐서 문제를 해결하고 현상을 바꿀 기회를 얻기 위해서다.

이 프로그래머가 무엇을 필요로 하는지 깨달은 셀린은 바로 조정에 들어갔다. 프로젝트팀을 대상으로 조직력 강화 행사를 몇 차례 계획했는데, 이 행사들은 소질 확장, 리얼 슈팅게임 같은 팀플레이 행사였다. 역시나 이 프로그래머는 매우 적극적인 모습을 보였으며, 팀에 융합하는 능력도 나날이 좋아졌다.

셀린은 이런 조직력 강화 행사를 통해서 다른 동료들과 호흡을 잘 맞춰가기 시작한 그에게 팀을 구성하여 프로젝트 하나를 담당하는 새로운 임무를 주었다. 팀플레이 느낌을 살린 그는 주도성이 당장 눈에 띄게 좋아졌다. 그가 인솔하는 팀의 전투력은 매우 강했으며 뛰어난 업무 성과를 거두었다.

당신은 아마 위의 두 이야기에 세 번째 방법인 '적극적인 사용'이 포함되었다는 것을 눈치챘을 것이다.

그렇다면 다시 다음 사례를 통해 세 번째 방법을 어떻게 사용할지 살펴보고, 정확한 '주도성'을 이용해보자.

나는 전에 몸담았던 회사에서 난처한 일을 겪은 적이 있다. 당시 회사의 부총책임자 무무는 출산휴가를 마치고 돌아오자 전에 자신과 직급이 같았던 동료가 승진 기회를 얻어 자신이 그의 부하 직원이 됐다는 것을 알았다. 너무 불공평하다고 생각한 그녀는 일에 관심을 보이지 않았으며, 종종 내 사무실로 와서 "이건 너무 불공평해요. 여자로 살아가기가 왜 이렇게 힘들까요? 난 회사를 위해서 그리고 사업을 위해서 부지런히 일하느라 여태껏 아이도 못 낳고 있었다고요. 승진 기회를 얻으려고 말이죠. 이젠 됐다 싶어 아이를 낳고 돌아왔더니 이렇게 돼버렸어…"라며 하소연을 했다.

처음에는 나도 어떻게 대응해야 할지 몰라서 "쉽지 않았다는 거 알아. 노력도 많이 했고. 지금은 마음이 불안정하겠지. 그런데 그 사람도 1년 동안 열심히 일해서 그 위치에 오른 거라 무무와 마찬가지로 쉽지 않았을 거야. 울지 마. 열심히 일하면 기회가 또 올 거야…"라고 위로만 할 뿐이었다. 그러나 이런 위로는 아무 소용이 없었다. 여전히 마음이 언짢은 무무는 어떤 일에도 주도적이지 않았다. 반면 '반어적 표현'을 사용해 부정을 긍정으로 바꾸어 그녀가 '주도'적으로 무엇을 하는지 생각해보니, 일은 주

도적으로 하지 않지만 감정을 표현하는 데서는 얼마나 '주도적'
인지 발견할 수 있었다.

이어서 '외재화 질문'을 활용하면 더 많은 것을 볼 수 있다.
'감정 표현'을 무무의 친구라고 비유해보자. 이 친구는 그녀에
게 어떤 장점을 가져다줄 수 있을까? 감정 표현은 그녀가 자신
이 해온 일에 대해 회사의 인정을 받고 싶어 하고, 그녀의 실적
에 대해 긍정적으로 표현해주기를 바라며, 더 높은 직위를 얻어
서 더 중요한 업무 프로젝트를 책임지고 싶어 한다는 신호를 외
부에 '주도적'으로 보내는 것을 도울 수 있다.

여기가 바로 '시각 반전'의 전복된 부분이다. 그녀가 주도적
으로 대립하는 것이 아니라 주도적으로 쟁취하고 있다는 새로운
사실이 보인다.

이런 방식을 통해 무무의 따지는 태도가 실은 그녀의 내키지
않아하는 모습을 숨기면서 더 큰 능률을 내고 더 큰 가치를 창조
하기를 갈망하는 태도라는 것을 알게 되었다. 나는 관찰한 내용
을 사장에게 피드백했으며, 무무를 사장에게 직접 보고할 수 있
는 새로운 부서의 관리자로 전출하자는 결정을 함께 내렸다. 예
상대로 그녀의 저항감은 단번에 사라지고 예전의 적극적인 모습
을 되찾았으며, 일에 더 강한 열정을 쏟아부은 결과 몇 건의 큰
프로젝트를 잇달아 성사했다.

상대에 관한 '오해'를 '이해'로 바꾸는 관점

나는 주도성이 뒷받침되는 사람은 창의성과 뭔가를 타파하려는 마음가짐이 더 크다고 믿는다. 이번 장에서 함께 나눈 사고 방식들은 이런 사람을 찾기 위해서 준비한 것이다. 우리는 타인을 더욱 깊이 이해하고, 더 많은 시간과 에너지를 들여 타인과의 관계를 연결해야 한다. 반어적 표현이든 외재화 질문이든 적극적 사용이든, 시각을 반전시키는 이런 방법들을 활용하기란 쉽지 않다.

그러나 그런 방법들은 나에게 기쁨과 놀라움을 안겨주었다. 내가 어떤 한 사람을 진짜로 '보고' 그 사람의 주도적이지 않은 이면에 있는 주도적인 면을 보게 됐을 때 나 자신과의 모순이 해결됐다는 느낌이 들었다. 내 불만이 줄어들었을 때 나에게 일어나는 직접적인 변화는 더 많은 가능성이 보인다는 것이었다. 다르게 바라보아야 다르게 할 수 있는 것이 아닐까 하는 생각이 든다.

1. 주도성은 아이에게서 모순적으로 나타난다. 좋아하는 일에는 아주 집중하지만 좋아하지 않는 것은 받아들이기 힘들어한다. 이 장의 내용을 읽고 아이의 학습 주도성을 향상하는 데 어떤 방법을 취할 수 있을까?

_____

_____

_____

_____

2. 게임을 좋아하는 프로그래머부터 게임을 좋아하는 남편까지, 어떻게 하면 그들의 주도성을 게임에서 집안일로 바꿀 수 있을까?

_____

_____

_____

_____

10장 격려 관리

1. 남편, 나 감기 걸렸는데 왜 주도적으로 내 안부를 묻지 않아?
2. 남편, 나 생일인데 왜 주도적으로 선물을 주지 않아?
3. 남편, 집이 이렇게 엉망인데 왜 주도적으로 청소하지 않아?
4. 애야, 숙제하는데 뭘 그렇게 꾸물대니? 좀 주도적으로 할 수 없어?

⬇

당신이 상대에게 주도적이기를 '요구'할 때마다 상대는 이미 수동적이다
당신이 '요구'하는 과정에서 상대는 이미 '수동적'이기 때문이다

⬇

◆ 방법1 : 기존의 격려 방법

전통적인 격려 방법은 법칙이 간단하고 목표가 명확하며 기계적으로 반복하는 업무에 더욱 효과적임

높은 창의력과 상상력을 요하는 업무의 경우 일반적인 인센티브는 역효과를 일으킴

◆ 방법2 : '시각 반전'-우리가 본 '주도적이지 않음'에서 '주도적인 것' 찾기

1단계 : 반어적 표현	공식은 그는 주도적으로 A일을 하지 않음=그는 주도적으로 B일을 함
2단계 : 외재화 질문	중립적인 시각으로 더욱 심층적인 것들을 보라
3단계 : 적극적 사용	상대의 '주도성'을 보고 이용하라

11장

나를 힘들게 하는
사람을 대할 때
필요한 것들

- 충돌 관리

왠지 불편한 사람,
아무래도 힘든 사람

'다루기 힘든 사람'은 소통이 어려울 뿐 아니라 그들과 충돌이 발생한다고 해서 반드시 원하는 결과를 얻을 수 있는 것도 아니다. 예를 들어 엄마는 따뜻한 바지 입어라, 편식하지 말아야지, 좋은 남자 친구 찾아야지 같은 시시콜콜한 일로 쉴 새 없이 얘기한다. 이때 딸이 반항하면 충돌의 서막이 열리고, 엄마는 금세 눈물을 닦기 시작한다. 엄마가 울면 딸은 어쩔 수가 없다. 직원이 사장과 다른 관점을 제시한다. 직원의 말이 많아지니 점점 귀찮아진 사장은 직원의 말을 전혀 듣지 않는다. 화가 난 사장을 보자 직원은 어쩔 수 없이 포기한다.

또 다른 상황으로, 그는 그다지 '다루기 힘든' 사람처럼 '보이지' 않고 직위도 우리보다 낮을 수 있으며 카리스마도 약하고 시끄럽지도 않은 모습을 하고 있는데 이상하리만큼 당신은 그의 부탁을 거절할 방법이 없다. 그가 무언가를 요구할 때마다 당신은 아무리 원하지 않아도, 마음속으로 아무리 저항해도, 끝내 그를 거절할 수 없다.

직장에서 호인으로 통하는 신원은 부서에 새로 들어온 리사와 공동으로 프로젝트를 맡게 되었다. 두 사람에게 분배된 업무량은 비슷했지만 삐이삐이가 보기에는 한 사람이 두 사람 일을 하는 것 같았다. 왜 그랬을까? 리사가 '도움 요청'을 너무나 좋아했기 때문이다. "이 표의 수치는 왜 이렇게 복잡해요? 오후 내내 했는데도 틀린 것 같아요. 어떡하죠? 아니면 저 대신 좀 써주실래요?"

신원이 자기도 아직 끝내지 못한 일이 있다고 말하려는 찰나, 리사에게서 또 소프트 어택이 들어왔다. "정말 대단하다. 분명 금방 끝내겠네! 저 안 도와주시면 오늘 밤을 새워도 다 못 할 거예요. 정말 다른 방법이 없어요!" 신원은 마음속으로 내키지 않았지만 입이 떨어지지 않았고, 하는 수 없이 혼자 두 명 몫의 일을 해야 했다.

한번은 과부하가 걸릴 정도로 업무량이 많다는 생각에 신원은 리사와 일을 분담할 수 있는지 상의하려고 했다. 그러자 리사는 애처로운 모습으로 "어쩌죠? 오늘 일은 정말 다 못 하겠어요. 아이 봐줄 사람이 없거든요. 정말 짜증 나 죽겠어요"라고 했다. 신원은 도와달라고 하려던 말을 도로 삼키고 혼자서 묵묵히 늦은 밤까지 야근을 했다.

사람은 누구나
통제당할 수 있다

나는 일상생활에서 이런 상황을 종종 겪는다. "나도 나만의 생각과 리듬이 있는데, 그 사람 생각대로만 해야 되는 것 같아." 정말 화가 나고 어찌할 방법이 없는 상황인데, 자신이 통제를 당한다는 그 이면의 생각이 당신을 정말 불편하게 만든다.

타인이 뭔가 요구하면 당신은 아무런 선택권이 없는 듯 타협할 수밖에 없다. 아니면 당신에게도 분명 요구사항과 의견이 있지만 그에게 감히 제시하지 못한다. 만일 함께하면서 매사를 그 사람 뜻대로만 해야 한다면 당신은 통제당한다고 느낄 것이다. 통제당한다는 것은 우리가 대인관계에서 이따금 겪는 일이지만 잘 보이지 않고 알아차리기 어렵다.

그렇다면 우리는 왜 상대방에게 통제당하는 것일까? 우리는 '너무 강해서' '마음이 여려서' '성격이 나빠서'라며 문제를 상대방에게로 돌린다. 상대가 선배 또는 리더여서 사회적인 지위가 현격히 차이 나거나 소통 문제, 제도 문제, 환경 문제 등이 이런 결과를 초래했다고 생각하기도 한다. 심지어 '그 사람 고충이 많아 보이는 데다가 그렇다고 말까지 했으니, 나라고 뭐 어쩔 수 있을까?' 이런 식으로 자기가 해결할 방법이 없는 문제에 직면했다고 여기는 경우도 있다.

그러나 여기에서 또 하나의 문제인 당신의 문제에 관해 진지하게 생각해본 적 있는가? 당신은 "그 사람이 나를 '통제'한 건데 어째서 내 문제죠?"라고 말할 수 있다. 그렇다면 다시 한 번 자세히 살펴보자. 도대체 내 문제는 어디에 있을까? 왜 내가 '통제당하는' 쪽일까?

자신이 통제당한다는 느낌이 드는 데에는 사실 우리의 사고가 제한되기 때문이라는 중요한 이유가 있다. 예를 들어 '다루기 어려운' 사람에게 이견을 표현해야겠다는 생각만 해도 마음속에서는 '그 사람은 분명 나를 욕할 거야' '그 사람은 분명 나랑 싸우려고 할 거야'라며 저항하기 시작한다. 이 정도만 생각했는데도 '됐다, 됐어. 난 정말 그 사람이랑 싸우고 싶지 않아' '그 사람을 울리면 정말이지 너무 난처해' '그 사람이랑 충돌하면 너무나 난감해'라며 바로 포기하고 싶어진다.

일단 이런 사고의 제한을 받으면 우리는 더 이상 다음 단계를 생각할 용기가 나지 않는다. 마치 앞에 벽이라도 생긴 것처럼 넘어가지 못하고 모든 것이 거기에서 딱 멈춰버린다. 그렇지만 이것은 당신의 생각일 뿐 사실이 아니다. 한번 이 벽을 넘어보면 어떨까?

내가 전에 알았던 친구 린쎤은 회사에서 승진 기회를 얻었다. 대신 1년 동안 베이징으로 전근을 가는 조건이었다. 그녀는 이번 승진 기회를 절대 놓치고 싶지 않았지만 남편에게 얘기를 꺼내지 못하고 자꾸 미루었다. 나는 린쎤이 왜 그러는지 궁금했다.

그녀가 말했다. "그야 당연히 안 되니까 그렇지. 네가 몰라서 그러는데, 남편은 엄청 가부장적인 사람이라 내가 이렇게 나와서 일하는 것도 집을 돌보지 않는 처사라고 온종일 잔소리를 해대거든. 내가 외지에 그렇게 오래 나가 있는 거, 절대 찬성하지 않을 거야."

내가 물었다. "네가 계속 가겠다고 하면 어떻게 될까?"

"그야 화내고 성질부리겠지!"

"그래, 화내겠지. 그러면 화내고 또 어떻게 하는데?"

"화내는 걸로 모자랄 때? 그 사람 성질부리기 시작하면 아무도 살아남지 못해."

"어떻게 살아남지 못한다는 거야? 얼마나 오래가는데? 사람을 때려 아니면 물건을 부숴? 너는 어떻게 남편을 달래? 남편은 시간이 얼마나 지나야 화가 가라앉아?"

그녀에게 구체적인 장면을 상상하게 하자 린쎤은 대답하지 못했다. 사실 이런 것은 그녀 자신도 생각해보지 않은 문제였기 때문이다. 남편이 화를 내는 건 그녀에게 하늘이 무너지는 듯한 큰일이기 때문에 계속 더 생각해볼 수 없었다.

남편이 화를 내는 것, 이것이 그녀 사고 속의 벽이다. 실제로 우리는 앞에 있는 '다루기 어려운 사람'에게 협박당하는 것이 아니다. '나는 어떻게 할 수가 없어'라는 생각이 들기 시작하면 '나는 이 일이 일어나게 하면 안 돼'라는 관성의 사고에 빠지는 것이다. 만약 그런 일이 벌어질 경우에 어떻게 대응해야 하고 어떻게 해야 피해를 최소화할 수 있는지, 이런 구체적인 사안은 생각조차 하지 않는다. 그저 '어떤 대가를 치러서라도' 그런 결과가 발생하는 것을 막으려고만 하다가 어쩔 수 없이 자신이 '하기 싫어하는' 일을 하게 된다.

그 벽 뒤에는 대체 무엇이 있을까? 일이 발생한다면 또 어떻게 될까? 심각한 결과를 초래한다면 도대체 얼마나 심각할까? 구체적으로 어떤 상황이 발생할까? 그 상황이 발생하면 우리는 어떻게 살아가야 할까? 그런 삶에 어떻게 대응할 수 있을까?

이런 방향으로 한 단계 한 단계 물어보다 보면 점점 더 많은 가능성이 생기는 것처럼 느껴진다.

첫째, 우리의 생각은 사실과 다르다. 어떤 일이 반드시 일어나는 것은 아니다. 둘째, 보호 조치를 미리 준비할 수 있다. 셋째, 어떤 일이 실제로 발생했다고 해도 처지를 바꿔 생각하면 우리가 막연히 예상했던 것보다 그렇게 두렵지는 않으며, 우리가 감당할 만한 수준일 수도 있다.

그렇다면 우리는 어떻게 해야 관성적인 사고의 한계를 부수고 자신을 제한하는 '통제'에서 벗어날 수 있을까?

상대의 통제에서 벗어나는
생각 정리법

우리가 '통제받는' 이유는 자신의 사고가 제한당한 나머지 '안 좋은 일이 벌어지게 하면 안 돼'라는 생각에만 머물러 있기 때문이다. 그렇기 때문에 사고의 벽을 허물어 '통제'당하지 않기 위해서 당신이 최악의 상황을 상상하게 이끄는 '부정적 상상'이라는 방법을 쓸 수 있다.

어렵게 들리지는 않지만, 이 방법을 쓰고 싶어 하는 사람들이 그리 많지는 않다. 어쨌든 대부분의 사람들은 '지금 상황이 그렇게 나쁘지 않은데 뭣 하러 터무니없이 그렇게 무섭고 나쁜 일이 발생할 거라고 상상해야 하는가?'라고 생각하기 때문이다. 또한 매우 불길하다고 기피하기도 한다. 그러나 심리학자는 부정적 상상은 사람들이 사고의 제약을 벗어나도록 도와준다고 말한다.

1단계 : 상상하라

여기서 말하는 '상상'이란 무엇일까? 나는 린썬에게 만일 계속 외지로 일하러 가겠다고 한다면 남편은 그녀와 어떻게 싸울지 상상해보라고 했다.

그녀는 "내가 계속 가겠다고 하면 최악의 결과는 아마 이혼하자는 말이 나오는 거겠지. 어휴, 너무 무섭다! 나 혼자 어떻게 살아갈지 상상조차 할 수 없어"라고 했다.

"그럼 너 혼자의 생활은 어떨까? '아침 몇 시에 일어날까? 무엇을 먹을까? 뭘 할까? 이런 구체적인 장면을 상상해봐."

린썬은 상상을 했다. "난 아마 계속 일을 할 테고, 평소에는 정상적으로 출퇴근하고, 아마 조금 일찍 일어나서 붐비는 지하철을 탈 테고, 주말에는 청소나 빨래를 하지 않고 약속을 잡아 커피숍에서 애프터눈티를 마시고, 저녁에는 친구들과 영화도 보고 혼자 여행도 다니고…."

말을 마친 그녀는 갑자기 조용해졌다. 처음에는 전혀 상상할 수 없었지만 구체적인 정경, 생동감 넘치는 장면을 상상하기 시작했고 구체적인 사람과 일과 사물을 떠올렸다. 어떤 일이 진짜 발생하더라도 세상이 끝나는 것은 아니며, 우리가 완전히 속수무책이거나 대응할 방법이 전혀 없는 것은 아니라는 생각이 들었다. 이렇듯 상상은 통제에서 벗어나는 첫 단계다.

2단계 : 생각하라

상상력을 발휘했으니 이제 이성적인 분석 능력을 동원하여 '할 수 있을 것 같은 일'을 나열해보면 '내가 이렇게 할 수 있다'가 된다. 다음 세 가지 문제를 생각해볼 수 있다.

① 최악의 결과는 진짜 발생할 가능성이 있는가? 나에게 어떤 피해를 주는가?

② 만일 최악의 결과가 정말 발생했다면 나는 어떤 방법으로 대응하고 피해를 줄일 수 있는가?

③ 최악의 결과가 발생하기 전에 나는 어떤 준비를 할 수 있는가?

린썬에게 세 가지 질문에 대한 답을 생각해보라고 하자, 그녀는 다음과 같이 적었다.

① 남편은 아마도 '이혼'을 빌미로 나를 협박만 할 뿐 정말 이혼하려고 하지는 않을 것이다. 만일 1%의 가능성으로 우리가 정말 이혼한다면 나에게 가장 큰 피해는 나 혼자 생활해야 한다는 것과 지금 이뤄놓은 가정을 잃는다는 것이다. 또한 나에 대한 남편의 돌봄과 관심이 사라지면서 이 모든 것 때문에 내가 외로움을 느끼게 되는 것이며….

② 정말 이혼하게 된다면 나는 아마 내 관심사에 맞는 취미를 골라서 내 생활에 충실할 것이다. 친구들과 함께하는 시간이 많을 테니 그렇게 외롭지는 않을 것이다.

③ 지금 내가 무슨 준비를 할 수 있느냐고? 작은 일을 스스로 결정해보고 독립심을 기르면, 모든 일을 남편 뜻대로 하지 않아도 되고 무슨 일이든 남편에게 기대지 않아도 된다. 이렇게 하면 어느 날 정말 헤어진다고 해도 내 삶을 살 수 있을 것이다.

이런 생각들의 초점은 반드시 '나' 자신에게 맞춰야 한다. 모든 과정에서 '나'의 목표가 무엇인지, '나'는 어떻게 손실을 줄일 수 있을지를 반드시 명확히 해야 한다. 이성적인 생각을 나열하고 마음의 준비가 되어 있어야만 더욱 부담 없이 편안하게 대면하고 표현할 수 있다.

당연히 '안 좋은 일이 영원히 일어나지 않기'를 바라지만, 그것은 단지 '바람'일 뿐 우리에게 현실적인 안도감을 주지는 않기 때문에 두려워하며 안 좋은 일을 마주하게 된다. 그러나 부정적 상상을 활용하면 '안 좋은 일이 일어난다 해도 대응할 수 있다는 것을 믿는다'는 현실적인 안도감을 얻을 수 있다. 미래의 모습을 상상하고 행동의 방법을 생각하는 과정을 거쳐야만 최대한 자신의 자유의지를 불러일으켜 제약에서 벗어날 수 있다.

그건 단지
표면적 평화일 뿐이다

사고의 제약을 극복하고 이미 통제를 벗어난 사람이 있는 반면, 이 단계까지 왔는데도 마음의 걸림돌을 극복하지 못한 사람도 있다.

"벽 뒤에 무엇이 있는지 알지만 나는 안 돼요. 난 도무지 대응을 못 하겠어요. 싸우는 모습을 상상만 해도 저항하게 되니까요. 이런 과정을 아예 겪고 싶지 않은데, 어떻게 하죠?"

우리는 여기서 쉽게 '통제받는' 이유를 한 가지 더 발견할 수 있다. 바로 격한 감정을 피하기 위해서 타협하는 것이다.

대부분의 사람들은 다투는 장면에 대응하는 데 서투르다. 얼굴을 붉히고, 화가 나서 온몸이 부들부들 떨리며, 혈압이 치솟는다. 상대방이 더 과격한 행동을 하지는 않을까 걱정하기도 하고, 다툼을 정말 좋지 않은 체험이라고 생각한다.

특히나 만일 상대방이 툭하면 눈물을 보일 경우 우리는 더욱 어쩔 줄 몰라 한다. 상대가 우는 모습을 보면 '내가 잘못한 건가? 내가 너무 말이 심했나?'라며 자기 때문이라고 생각하는 경우가 많아서, 자신의 목표를 이루지 못한 채 어떻게 더 해보지도 못하고는 죄책감에 안절부절못한다.

회피는 직장에도 존재한다. 동료 사이에도 회피 감정이 존재해서, 감히 이견을 말하지 못하는 경우가 있다. 일부 리더들도 비슷한 고민을 안고 있다. 당신은 틀림없이 "리더가 부하 직원한테 통제를 받는다고요?"라고 물어볼 것이다. 당연하다!

내가 전에 알던 동료 야란은 재능이 뛰어나 일한 지 몇 년 안 되어 부총책임자까지 승진했다. 이번에는 정말 소매를 걷어붙이고 열심히 해볼 생각이었던 그녀가 며칠 안 돼서 울상을 하고 나를 찾아왔다. "어제 약간 조정해야 할 기획안이 있어서 내가 샤오미한테 서둘러 하라고 했거든. 근데 샤오미가 기획안을 고객에게 제출할 기한이 하루밖에 남지 않아서 고칠 시간이 없다고 하더라고. 그래도 수정하라고 했더니, 시간이 너무 없다느니 야근을 너무 많이 한다느니 불평하는 거야. 샤오미가 그렇게 나오니까 나는 몹시 당혹스러웠어. 더 논쟁했다가 사무실에서 다툼이라도 벌어지면 참 난감할 테고 일도 더 못 끝낼까봐 내가 직접 하는 수밖에 없었지. 그런데 어쩌다 내가 샤오미를 위해서 일하게 됐을까 하는 생각에 마음이 되게 불편하더라고."

이처럼 리더가 중요하고 어려운 상황은 피하고 쉬운 쪽을 택해서 말 몇 마디 하거나 심지어 혼자 참아버리면 문제는 절대 해결되지 않는다. 만일 계속해서 격한 감정을 두려워하면 이를 회피할 수밖에 없고, 최대한 상대방을 만족시키고 비위를 맞추며 순종하게 된다. 이럴 경우 곁에 있는 모든 사람이 당신의 '통제자'가 될 수도 있다. 그렇다면 어떻게 바꿔야 할까?

격한 감정 회피하기에 대해 우리는 심리학에서 말하는 '노출요법'을 제시한다. 노출요법이란 강렬한 두려움을 느끼는 자극적인 환경에 직접 '노출'되게 함으로써 그가 점차 받아들이고 적응하게 하는 일종의 행동 치료방식이다.

만일 '두려운 상황'이 발생하게 할 자신이 없으면 두려움은 계속 머릿속에서 무한히 커진다. 당신은 마치 감정의 끝을 볼 수 없는 것처럼 점점 더 두려운 나머지 더더욱 행동을 시작할 수 없게 된다. 그러나 '리얼한 체험'과 한번 맞닥뜨리고 나면, "상상했던 것처럼 그렇게 무섭지는 않았어" "항체가 생겨서 더 이상 두렵지 않아" 같은 새로운 점들을 발견하게 된다.

세일즈 교육 때 들은 이야기를 해보겠다. 성격이 내성적인 청년이 판매직 부문의 면접을 보러 갔다. 양성교육에서 팀장은 그에게 모르는 고객에게 전화해서 제품을 소개해보라고 했지만, 거절당할까봐 걱정한 그는 도저히 모르는 사람에게 전화할 엄두가 나지 않았다. '만일 고객이 화를 내면 어떡하지? 고객 태도가 사나우면?'이라는 생각이 꼬리에 꼬리를 물었다. 고객이 화를 낸다는 상상만으로도 이미 두려움에 휩싸였다.

경험이 풍부한 베테랑 판매원인 그의 팀장은 그가 주눅 든 모습을 보고 그에게 길거리로 나가 모르는 사람 100명에게 전화번호를 받아오라고 했으며, 실패하면 회사를 떠나야 한다고 했다. 회사에서 해고당하지 않기 위해서 그는 눈 딱 감고 길거리로 나갔다. 거절하는 사람도 있었고 의심의 눈빛으로 바라보는 사람도 있었으며 아예 무시하는 사람도 있었다. 하지만 그가 더듬더듬 100번째 전화번호를 받았을 때 그는 이미 '거절'에 대해 아무런 느낌이 없었다. 설령 상대가 화를 냈더라도 그는 '상상했던 것만큼 그렇게 무섭지는 않네'라고 생각했을 것이다.

노출요법은 이렇게 작용한다. 노출요법을 순조롭게 응용하고 싶다면 이 팁들을 기억해야 한다. 미리 준비를 한다. 예를 들어 환경을 바꿔본다. 앞에서 말한 동료는 엄마와의 관계를 완화하고 싶었고, 더 이상 엄마의 감정을 회피하고 싶지 않았다. 그렇다면 자신을 엄마의 격한 감정에 노출시켜야 했다. 그녀는 엄마에게 많은 감정이 있다는 것을 알기 때문에 상대적으로 여유로운 시간을 택해 편안한 장소로 엄마를 모시고 나가 산책하고 차도 마시며 쌍방이 모두 준비가 된 상황, 여유로운 상황에서 다시 대화를 시도했다.

환경적으로 준비하는 것 말고도 특히나 눈물을 직면했을 때의 심리적 준비를 해야 한다. 엄마가 울 수 있다는 것은 딸이 가장 두려워하는 점이었다. 그렇지만 이왕 바꿔보기로 결정한 이상 대응 준비가 필요했다. 우는 것은 나쁜 일이 아니며, 시원하게 울고 나면 마음이 편해지고 스트레스가 풀릴 때도 있다는 사실을 미리 확실히 인지한다.

마음의 준비를 하는 것은 소통할 때 온화한 말투와 적당한 말의 속도를 유지하게 해준다. 만일 진정으로 엄마의 감정을 이해하고 싶다면 6장의 '소통 관리'에서 설명한 U형 소통을 사용해 '상대'를 주어로 질문하고 효과적인 경청을 통해 엄마가 자신의 감정을 마음껏 발산하게 해야 한다.

예전에는 엄마가 울면 짜증이 났다. 엄마가 눈물을 무기로 삼아 자신을 대한다고 생각했기 때문이다. 그러나 모든 과정을 철저히 경험하고 느낀 그녀는 눈물의 이면에는 오랜 세월 쌓여온 엄마의 억울함이 있다는 것을 알게 됐으며, 엄마의 마음을 이해하고 엄마와 함께 맞서야 자유롭고 친밀한 모녀관계를 되찾을 수 있다는 점을 깨달았다.

당신은 충돌을 관리하는 방법들은 모두 당신이 직접 충돌하도록 돕는다는 점을 알아차렸을 것이다. 습관적으로 충돌을 회피하는 태도는 관계를 계속 경색시키며, 조정과 개선의 계기마저 사라지게 만들기 때문이다.

직장에는 '표면적 평화'라는 현상이 있다. 동료들끼리 겉으로는 하하 호호 웃으며 화기애애하게 지내지만 마음속에는 억울함과 불만이 가득한 상태를 말한다, 이런 상태가 계속 이어지면 필연적으로 회사의 실적 목표에 반영되게 마련이다. 그렇기 때문에 충돌이 반드시 나쁜 것만은 아니며, 종종 관계 변화의 계기가 되기도 한다.

나는 '대화 관리'라는 방법을 즐겨 사용한다. 정해진 시간에 동료, 특히 자아 조절능력이 부족하고 직업 소양이 아직 성숙하지 않은 동료와 대화를 나누는 것이다. 대화 과정에서 그들은 내 앞에서 울기도 하고, 화내기도 하며, 다른 감정을 나타내거나 나를 공격하기까지 한다. 그렇지만 감정이 풀리고 나면 그들의 근무상태가 좋아진다.

바로 이 과정이 충돌에 맞서는 것이다.

예전에 이른바 '다루기 힘든 사람'들을 만나면 나도 습관적으로 회피를 선택했다. 나중에야 내가 회피한 것은 '감정에 직면해서 어찌할 바를 모르는 나 자신'이었다는 사실을 깨달았다. 지금의 나는 종종 나 자신을 '노출'하며, 내 앞에서 동료가 울며불며 하소연하면 그를 툭툭 두드리며 휴지를 건넨다. 그러고는 하소연이 끝나기를 기다렸다가 근무 상태에 들어가게 될 때 그가 무엇을 해야 하는지 분명하게 말해준다.

동료와 논쟁이 벌어지면 나는 충돌에 맞서며, 심지어 충돌을 권장하기도 한다. 논쟁이 있어야 우리가 쌍방의 마지노선을 건드릴 수 있기 때문이다. 잘 싸우는 팀은 화기애애하지 않다. 그러나 성과를 거둔 많은 팀들은 모두 다투면서 성장했다는 사실을 관찰을 통해 알 수 있을 것이다. 한 가지 일을 아주 잘하고 싶고 결과를 책임지고 싶어 해야 충돌을 두려워하지 않을 수 있다.

자유롭지 않기를 바라면
자유로워질 수 있다고?

앞에서 살펴본 통제받는 두 가지 원인과 방법을 알고 나면 당신은 '통제'를 받았던 이유가 당신 스스로 사고를 제약하고 격한 감정을 회피했기 때문이라는 점을 깨달았을 수 있다. 내가 이 방법들을 친구들에게 들려주면 친구들은 문득 무언가를 깨달았다는 듯 소매를 걷어 올리며 "좋아! 통제를 완벽하게 벗어나서 다루기 힘든 사람들을 잘 처리하겠어!"라고 한다.

이럴 때마다 나는 모든 통제에 저항해야 하는 것은 아니라고 몇 마디 덧붙인다. 우리는 필요한 통제도 있다는 사실을 확실히 알아야 한다. 나와 내 엄마의 관계가 바로 그러하다.

내가 새벽에 SNS를 통해 업무 상태를 업데이트할 때마다 이튿날 꼭두새벽이면 엄마에게 메시지가 온다.

엄마 : 너 죽고 싶어서 그렇게 밥 먹듯이 야근하는 거야? 지

나치게 무리하면 나중에 후회해.

나 : 바빠서 그러는데, 그럼 나더러 어떻게 하라고요?

엄마 : 하여간 넌 엄마 말을 듣는 법이 없다니까!

나 : (짜증을 내며) 그만 얘기합시다. 나 바빠.

엄마 : (마음이 급해져서) 다 컸다면서 아침 꼬박꼬박 먹어야 하
는 것도 몰라? 아침을 안 먹으면 건강에 얼마나 나쁜데!

나 : 누가 엄마더러 걱정하래요? (대화를 마무리함)

겉으로는 내가 엄마의 '통제'에서 벗어나고 싶어 하는 것처
럼 보이지만 이 상황이 어떻게 유지되는지 잘 생각해보라. 나는
SNS에 내 소식을 업데이트할 때마다 엄마가 본다는 사실을 안
다. 그것은 내가 주도적으로 '밤을 새웠네' '아침을 안 먹었네'라
고 내 상황을 보고한다는 것을 뜻한다.

나는 열여덟 살에 집을 떠나 이 사회에서 홀로 가시덤불을
헤쳐왔다. 그러면서 엄마와의 공감대가 점점 줄었지만, 나는 엄
마를 사랑하고 늘 생각했으며 엄마의 관심을 받기를 갈망했다.
그것은 내가 이렇게나 큰 세상에서 받는 위로였기 때문이다. 그
렇기 때문에 SNS를 통한 이런 상호작용이 없다면 어떤 방식으로
엄마와의 친밀한 관계를 유지할 수 있을지 모르겠다.

가족치료 전문가 살바도르 미누친(Salvador Minuchin)은 "부모는
자식의 죄수이기도 하고 간수이기도 하다"라는 말을 남겼다. 이
는 어떤 가정의 이러한 상호 통제 관계를 말하는 것이다. 한편으

로는 부모가 자녀를 '통제'하고 다른 한편으로는 자녀가 주도적으로 보고하면서 자신의 일로 부모를 '통제'하는 것이다.

상호 통제의 충돌에서 빠져나오려고 서두를 필요는 없다. 적당한 통제와 충돌은 관계 쌍방을 결합해주는 연결고리일 때가 있기 때문이다. 이런 경우 우리에게 필요한 것은 그것을 소멸하는 방법이 아니라 마음속에 자를 한 개 두고 관계가 정도를 지킬 수 있게 하는 것이다.

통제에 관해서 들려주고 싶은 이야기가 또 하나 있다. 중국의 유명 문학가 후스(胡適)는 신문학 운동의 지도자인 인물이기도 하지만, 그의 인생도 '통제를 당한' 적이 있다. 그의 어머니가 그의 결혼을 독단적으로 처리해버린 일이 그렇다. 신문학 운동의 선구자인 후스는 자유연애를 숭상했지만 다른 청년들처럼 혼약을 망치지 않고 계속 유지했다. 이에 관해 후스는 훗날 적은 일기에서 "만약 내가 그때 모질게 약속을 깨버리고 몇 사람을 평생 고통스럽게 했다면 내 양심의 가책은 어떤 고통보다 견디기 힘들었을 것이다"라고 말했다. 이에 대해서 후스는 "자유롭지 않기를 바라면 자유로워진다"라고 해석했다.

이 말은 나에게 큰 감동을 주었으며, 내가 '통제'를 이해하는 가장 좋은 구절이다. 나아갈 방법이 없는 상황에 직면할 때마다, 다루기 힘든 사람을 만날 때마다, 나는 멈춰 서서 생각한다. 내가 제약을 받은 걸까 아니면 나의 관성적 사고일까?' 어쩌면 자유롭지 않기를 바라면 자유로워질지도 모른다.

1. 충돌을 피하기 위해서 어떤 양보를 해봤고 어떤 대가를 치러 봤으며 최종 결과는 어땠는가?

_____

_____

_____

_____

2. 가장 고민거리인 일을 찾고 어떻게 사고의 제한을 극복할 것인지 또는 어떻게 상대방의 격한 감정에 대응해서 최종적으로 어떤 효과를 달성할지 말해보자.

_____

_____

_____

_____

11장   충돌 관리

완고한 사장

고집 센 직원

까다로운 고객

반대의견만 내세우는 배우자

통제욕이 강한 부모

훌쩍훌쩍

침묵 냉전

말만하며 폭발함

페인 포인트   시작하자마자 그 사람과 충돌이 생기고 대립할 가능성이 있다
그 후 몇 번 더 같은 일이 발생하면 순순히 따르고 충돌을 마음속에 감출 수밖에 없다

WHY? HOW?

⬇

원인1 : 관성에서 기인, 사고가 제한됨

해결 방법:
부정적 상상, 이 일에서 내가 진정으로 두려워하는 것이 무엇인
지 찾는다
① '어떤 일들을 해야 하는지' 상상한다
② '내가 어떻게 할 수 있는지' 생각한다
③ 상상과 생각의 초점은 반드시 '나' 자신에게 맞춰야 한다

원인2 : 격한 감정 충돌을 피하기 위해서

해결 방법:
노출요법, 감당하고 적응하는 '행동치료' 방식
① 미리 이런저런 준비를 한다
② '당신'을 주어로 하고 표과적으로 경청한다
예 : 근무 중의 대화 관리, 동료의 충돌에 경면으로 대응한다

추가 : 이렇게 뒤엉킨 관계가 필요할 때도 있다
　　- 어떤 통제는 적당히 남겨두어도 된다
　　- 부모는 아이의 죄수이자 간수

11장 나를 힘들게 하는 사람을 대할 때 필요한 것들_ **265**

'어떻게 일하는가'보다
중요한 것은
'어떻게 책임지는가'다

-협력 관리

자기만의 방에
갇히지 않으려면…

이 책의 마지막 장에서는 대인관계의 최고 경지인 '협력'에 관해서 얘기하려고 한다. '협력' 하면 보통 팀워크, 리더십, 효율적인 소통과 관련이 있다고 생각한다. 그러나 이런 기술들을 안다고 해도 실제로 실천하는 과정에서는 왜 그런지 원하는 목표를 이룰 수 없는 경우가 많다. 그렇기 때문에 이 기술들을 버리고 더 앞으로 나아가 우리의 협력을 가로막는 가장 본질적인 이유가 도대체 무엇인지 알아보자.

내 친구 아이미는 한동안 부모님과 다툼이 잦았다. 원인은 간단했다. 그녀의 부모님이 TV나 SNS에 나오는 광고를 맹신해서 엉터리 건강보조식품들을 사들였기 때문이다. 과학 미디어 회사에 근무하던 아이미는 당연히 이런 물건들에 코웃음을 치며 다 거짓말이니까 사지 말라고 했다. 그러나 부모님은 "너도 인터넷에서 찾았으면서 왜 우리가 인터넷에서 본 것은 믿지 못한다는 게냐?"라며 말을 듣지 않았다. 너무나 화가 난 아이미는 옥신 각신 부모님과 팽팽한 접전을 벌이며 대립의 양 끝에 섰고, 그 누구도 상대를 설득할 수 없는 상황이 벌어졌다.

아이미는 한숨을 내쉬며 "난 회사에서 팀도 관리하고 여러 협력업체와 협력을 논할 능력을 갖췄는데, 집에만 가면 부모님 이랑은 정말이지 협력이 불가능해"라고 했다. 그 말을 듣고 흥미를 느낀 나는 "부모님과 다투는 이유가 도대체 뭐야? 네 부모님이 건강보조식품을 사시는 건 당신들 건강을 위해서고, 네가 부모님께 사지 말라고 하는 것도 똑같이 부모님의 건강을 보호하기 위한 거잖아. 이런 논리로 보면 건강이라는 문제에서 너와 부모님은 목표가 같은 거고, 어쨌든 목표가 같은 이상 사실 너와 부모님은 협력관계야"라고 말했다.

이말에 놀란 아이미는 "왜 나는 협력관계라는 사실을 전혀 깨닫지 못했을 뿐 아니라 오히려 대립과 갈등 상황으로 본 걸까?"라고 했다. 이는 우리의 협력 달성을 가로막는 가장 본질적인 이유인, 자신이 협력하고 있다는 사실을 깨닫지 못하기 때문이다. 아이미는 마음 깊은 곳에서 부모님이 늙어서 시대를 따라잡지 못하기 때문에 다단계나 광고 내용에 쉽게 속을 수 있으며, 젊은이들처럼 정보 검색에 능하거나 판단 능력이 뛰어난 것도 아니라고 생각한다. 다시 말해 이 일에서 우리는 마음속으로 자신이 부모보다 한 수 위라는 강약관계를 가려낸 것이다.

직장에서도 똑같다. 권위자나 리더로서 우리는 아주 당연히 부하 직원은 이러저러해야 한다고 생각하지만, 상대방에게도 자신의 바람과 생각과 목표가 있다는 사실을 잊어버린다.

일단 관계를 강약관계로 보게 되면 우리는 강력한 지휘자로 변하기 쉽다. '부모가 건강을 유지하는 것'이 단지 나 자신만의 목표라고 오해하는 바람에 그들에게 어떻게 해야 한다고 지휘하려 든다. 그러나 이것은 또한 상대의 주도적인 바람과 생각이라는 점을 망각하며, 그것이 사실 우리의 공동 목표라는 사실은 더더욱 깨닫지 못한다.

'협력관계'임을 깨닫지 못하는 또 하나의 이유는 우리가 '옳고 그름에 관한 논쟁'의 사고에 너무나 쉽게 빠지기 때문이다. 예를 들어 부모의 건강보조식품 구입에 관한 다툼에서 아이미는 부모가 산 건강보조식품은 가짜이며 부모가 속았다고 확신한다. 그래서 부모는 틀리고 자신이야말로 옳고 과학적이라는 사실을 증명해내려는 생각에 집중한 나머지 잘못된 인식에 빠지고 말았다.

비슷한 상황은 직장에서도 흔히 볼 수 있다. 본래는 협력해서 프로젝트 하나를 끝내기로 했지만 '내가 옳다'를 증명하기 위해서 스스로 논쟁의 소용돌이에 빠진 바람에 목표가 협력이라는 점을 잊고 만다. 만약 그 순간 '협력관계'임을 깨닫고 목표 달성이 더 중요하며 더 핵심적인 요구사항이라는 것을 깨닫는다면 '내가 옳다는 것을 기필코 증명해내고 말겠어'라는 집착을 버리고 목표 달성을 위한 더 좋은 방법을 탐구할 수 있다.

한편, 협력의 쌍방이 평등한 관계이지만 내가 상대보다 더 정확하지 않다는 생각에 자신이 협력하고 있다는 사실을 잊어버릴 때도 있다. 사소한 사례를 들어보겠다. 장을 보러 갈 때 나는 내가 돈을 더 줘서 손해를 볼까봐 걱정하고, 상대는 자신이 손님에게 돈을 적게 말해서 밑지는 장사를 하지 않을까 걱정한다. 알 수 없는 '제로섬 게임'에 빠지는 것이다. 만약 우리가 모든 일상생활을 이기지 않으면 지는 제로섬 게임으로 보고 제한된 자원에서 한쪽이 많이 가져가면 다른 한쪽은 자연히 적어진다고 생각할 경우, 쌍방을 대립의 위치에 두고 티격태격 조금도 양보하지 않다가 결국 우리 공동의 목표가 거래를 마무리하고 각자 원하는 바를 얻는 것이라는 사실을 망각할 수 있다.

위에서 말한 세 가지 상항 외에 성격 문제, 소통 문제, 역사적인 문제 등도 우리를 '높고 낮음' '옳고 그름' 속에 빠뜨려 무의식중에 대립과 충돌의 위치에서 접전을 펼치게 할 수 있다.

얼마 전 회사의 운영책임자가 "최근에 아주 어렵사리 대형 거래처를 따내서 드디어 일을 진행하려고 했는데, 협력 진전 상황이 너무 더뎌. 전에 우리와 협력해본 경험이 없어서 나를 그렇게 많이 신뢰하지는 않나봐. 내가 제시한 가격을 다른 공급업체랑 비교해보더라고. 그래서 내가 나중에 방안을 조정했는데도 그 사람은 주저하면서 며칠이나 시간을 끌더니 아직까지 확답을 안 주네"라며 고민을 털어놓았다. 그러고는 "내가 아직 미숙해 보이나? 경력이 부족하고 권위가 없어 보이나? 아니면 친화력이 더 필요한가?"라며 오랫동안 이유를 추측해보았다.

　보통 협력 상대가 자신을 신임하지 못하는 상황에 맞닥뜨리면 먼저 '이건 내 문제야. 어떡하지? 견적을 조정하거나 이윤을 조정하거나 아니면 옷차림이나 말투를 바꿔봐야겠어. 그래도 상대가 불신한다면 그것은 분명 내가 아직도 어딘가 부족하다는 뜻인데, 그럼 어떻게 고쳐야 하지?'라는 생각이 든다. 그런데 이때 우리는 무의식중에 중요한 문제를 간과한다. 바로 상대와 자신이 지금 협력 중이라는 사실이다. 그렇다면 협력관계인데도 불구하고 왜 항상 관계를 분리하여, 이 관계에서 나만 바뀌고 나만 노력해야 한다고 생각하는 것일까?

　사실 우리의 협력 목표를 어떻게 달성할 것인가는 우리가 함께 직면하고 해결해야 하는 문제다. 운영책임자는 이러한 사고를 바탕으로 상대방에게 "우리가 협력하는 과정에서 당신이 저를 매우 믿지 못한다는 생각이 드는데, 이 점은 당신 역시 고민거리겠지요? 저에 대한 당신의 불신 때문에 현재 최상의 서비스를 제공할 수 없는 상황이며 비용도 증가하게 됩니다. 그러니 이 문제를 어떻게 해결할지 방법을 함께 찾아보면 좋겠습니다"라고 말해볼 수 있다.

　이는 말하는 법의 변화를 넘어선 사고 의식의 변화로, 서로 대립하는 관계에서 함께 도전에 직면하고 어려움을 해결하는 관계로 발전된 모습을 보이고 있다.

우리가 함께해야
보이는 것들

도대체 어떻게 해야 자신이 현재 협력 중이라는 사실을 잊지 않고 상기할 수 있는지, 그 방법을 함께 살펴보자. 그것은 바로 주어를 '나'에서 '우리'로 바꾸는 것이다.

당신은 어쩌면 "정말 그렇게 간단하다고? 아이한테 '반드시 숙제를 다 끝내야 오늘 밤에 우리가 같이 놀 수 있어'라고 말하고, 부모님한테는 '우리 앞으로 다시는 건강보조식품 사지 마요'라고만 말하면 정말 문제를 해결할 수 있다고?"라며 의구심을 품을 수 있다. 사실 '주어 전환'은 사고 패턴을 바꾸는 소소한 기술일 뿐인데, 이 소소한 기술 이면에 큰 논리가 숨어 있다. '우리'라고 말하는 언어 암시를 사용함으로써 상대의 처지를 생각하게 하고 '우리'가 해야 할 일을 생각하게 이끄는 것이 이 소소한 기술의 내재적 원리다. '우리'는 '나만이 아님'을 뜻하기 때문이다. '우리'를 강조해야만 말하는 사람이 시각을 '나' 자신에서 옮기고 더 이상 '나'라는 일방적인 입장에서 출발하여 '나'의 요구사항만을 보는 일이 없어진다.

왜냐하면 나는 내 목표를 당연히 모든 사람들도 인정해야 한다고 생각하지만, 다른 사람은 꼭 그렇게 여기지 않기 때문이다. 예를 들어 '나는 부모님에게 건강보조식품을 사지 말라고 한다'는 건 '나'의 요구에 불과하며, 부모님은 자신들이 속았다고 생각하지 않기 때문에 계속 사려고 하는 것이다.

'우리'는 나 말고도 그 사람 또는 그들이 존재한다는 의미이기도 하다. 이는 나를 관계 속의 다른 사람 처지에서 타인이 원하는 것이 무엇인지, 타인이 그러는 이유는 무엇을 위해서인지 생각하게 함으로써 타인의 행위를 부정하는 것이 아니라 긍정적인 관점에서 행위 이면의 의미를 찾도록 상기시킨다.

'나'에 '그 사람'을 더해야 '우리'가 된다. 거듭해서 '우리'를 강조하는 까닭은 자기 자신을 심리적으로 '우리'의 입장에 서서 문제를 생각하게 하려는 것이다. '내가 이루고자 하는 목표의 어느 측면이 우리 모두가 원하는 것일까?'

그러면 '우리 모두가 원하는' 측면에 착안해보자. 내가 부모님이 건강보조식품을 사지 못하게 하는 것은 우리 모두에게 무엇을 의미하는가? 부모님이 속을까봐 걱정하는 이유 가운데 돈은 아주 사소한 부분을 차지한다. 가장 핵심은 가짜 건강보조식품이 부모님의 건강을 해칠까봐 걱정하는 것이다. 나의 궁극적인 요구사항은 부모님을 더욱 건강하게 하는 것이고, 부모님이 건강보조식품을 사는 행위 이면에 있는 목적 역시 자신들이 더욱 건강해지기 위해서다. 나와 부모님 사이에 원칙적인 대립이 존재하지는 않는다. 각자의 방식과 방법, 주안점이 다를 뿐 목표는 같기 때문에 협력의 토대가 생겼으므로 함께 토론해서 해결할 수 있다. 우리는 이렇게 소통해볼 수 있다.

첫 번째, 공동의 목표를 명확하게 한다.

"엄마, 엄마랑 아빠 연세가 적지 않으니 더 건강해지려고 건강보조식품을 사는 거잖아요. 엄마랑 아빠가 건강해야 나도 안심할 수 있어요. 그러니까 우리는 공동의 목표가 있는 거예요."

두 번째, 다시 문제를 제기한다. "그런데 우리한테는 공동의 문제가 있어요. 모든 건강보조식품이 판매원이 말하는 것처럼 그렇게 효과가 좋지는 않아요. 엄마 아빠가 건강보조식품을 너무 단순하게만 받아들이니까 전문 사이트에서 건강보조식품의 성분이나 효과를 찾아볼 방법이 없어서 난 너무 걱정돼요. 우리의 공동의 목표를 위해서 뭘 좀 해도 될까요?"

세 번째, 해결 방안을 제시한다. 부모님이 구입한 건강보조식품을 내가 최종 점검하는 것이다. 예를 들면 TV에서 보도된 품질 불합격 건강보조식품 명단을 출력한 뒤 전문 사이트에서 다시 검색하는 과정을 거쳐 부모님이 나의 도움을 아주 편하게 받아들이도록 함으로써 부모님이 더욱 효과 좋고 안심할 수 있는 건강보조식품을 섭취하는 협력의 목표를 달성한다.

'우리' 측면에 서면 생각이 느슨해진다. 그러다 문득 '우리'는 본래 대립관계가 아니라 공동의 목표가 있고 한배를 탄 파트너라는 사실을 발견하게 된다.

일하면서 나는 종종 이런 방법으로 협력을 성사시킨다. 며칠 전 무척 마음이 가는 지원자를 면접했는데, 그 지원자는 왠지 망설이는 눈치였다. 인사부에 문의해보니 다른 회사에서 그녀에게 더 높은 급여를 제시했다고 한다. 지원자는 우리 회사로 마음이 기울었지만 더 많은 급여에 끌리기도 했다.

이 상황을 알고 나서 나는 지원자와 다시 이야기를 나누며 "만일 우리 회사에 들어오게 되면 급여를 어느 정도로 생각하나요?"라고 물었다. 지원자는 이러면 약간 강요하는 기분이 든다며 직접 말하기를 쑥스러워했다. 나는 그 지원자에게 "당신도 우리 회사에 오길 원하고 나도 당신이 왔으면 하고 간절히 바란다면 우리는 같은 목표를 위해 노력해야겠죠. 급여가 걸림돌인 것이 확실한데, 이 문제는 당신이 양보해야 하는 것도 아니고 내가 당신을 설득해야 하는 것도 아닌, 우리가 함께 토론하고 함께 직면해야 할 문제예요"라고 했다.

그 결과 그 지원자는 더 많은 급여를 요구하지 않으면서도 우리와 함께하는 쪽을 선택했다. 이 회사에서는 '협력의 힘'을 느낄 수 있었기 때문이라고 했다.

내 일인지, 남 일인지
따져볼 것

우리에게 공동의 목표가 있다는 점을 깨닫는 것이 바로 협력의 기초. 그런데 공동의 목표가 생겼는데도 왜 여전히 효과적으로 협력할 수 없는 경우가 생길까? 여기에는 다음과 같은 몇 가지 이유가 관련되어 있다.

어떤 일은 할 사람이 없어서 구멍이 생기는 상황이 발생한다. 한편, 어떤 일은 모두 앞다투어 하려고 하는 바람에 똑같은 일에 역할이 겹치기도 한다. 두 가지 상황에서 도대체 어떻게 해야 협력을 추진할 수 있을까?

이 대목에서 매우 중요한 '책임 분배' 개념을 끌어내야 하겠다. 하나의 공동 목표가 있는 일은 누군가 해야 하기 때문에 협력하는 과정에서 사람마다 어떤 부분을 맡아야 할지 확실하게 할 필요가 있다. 책임의 공백이든 역할이 겹치는 것이든 이 모든 것은 우리가 '책임 분배'를 잘못 이해했거나 '책임 분배'의 개념이 아예 없기 때문에 발생한다.

책임을 명확히 분배하는 경우도 있다. 이를테면 가정에서 누가 돈을 벌고 누가 돈을 관리하는지, 회사에서 누가 제품의 연구 개발을 담당하고 누가 판매를 담당하는지 분배하는 것이다. 그러나 모두 서로의 '묵계'를 기초로 분업을 완성하는 경우도 많다. 서로 말하지 않아도 마음이 통해서 '암묵적 약속'만으로도 공동의 목표를 위해 완벽하게 호흡을 맞출 수 있다.

문제는 '암묵적 약속'이 효력을 잃을 때가 있다는 것이다. 예컨대 이 일은 당연히 상대가 해야 한다고 생각한다거나 무의식 중에 서로 어떤 일을 하려고 달려드는 경우다.

직장에서 책임 분배는 기초적인 내용으로, 모든 직원이 입사할 때 인사부에서 직무를 결정하고 직무 직책을 명확하게 한다. 그런데도 왜 일부 책임에 공백이 발생하는지 알 수 없어 많은 관리자들이 혼란스러워한다.

예를 들어 프로젝트 책임자가 이틀 후면 행사가 시작되는데 홍보 전단이 왜 아직도 나오지 않았는지 물으면 기획팀에서는 이 문제는 디자인팀에 물어봐야 한다, 지난주에 디자인팀에 전단이 필요하다고 얘기했는데 여태껏 샘플을 받아보지 못했다고 한다. 디자인팀은 기획팀에서 광고 문구를 제공하지 않았기 때문에 디자인할 수가 없다고 말하고, 기획팀은 광고 문구는 콘텐츠팀의 동료에게 부탁해야 하는 일이라고 반박한다. 그런데 정작 콘텐츠팀의 동료는 홍보 전단이 필요하다는 사실조차 아예 모르고 있다.

언뜻 보기에는 누가 디자인을 담당하고, 누가 판매를 담당하며, 누가 기획을 담당하는지 명확한 분업이 이루어지는 듯하다. 그래서 관리자는 당연히 모든 일을 누가 하고 있거나 누가 스스로 감당하고 있겠거니 여긴 것이다.

그러나 사실 많은 관리자가 여기에서 말하는 '누가'가 도대체 '누구'인지를 분명하게 말하지 않는다. 예를 들어 우리는 "오늘 회의에서 토의한 변동사항을 누가 판매부서에 알려줘야 한다" "누가 회의록을 작성해야 한다"고 말하고 '모든 사람'이 이에 동의했지만, 우편물에 수신인을 적지 않은 것처럼 '아무도' 이를 이행하지 않는다. '누가' 할지 확실하게 하지 않는 것은 모두가 어떤 일에 책임을 지거나 결과를 감당하도록 지정하지 않는 것과 같다. 여기에서 '누구'는 '아무도'를 의미한다.

한편, '누가' 책임질지 명확하게 했는데도 협력할 때 문제가 나타나는 경우도 있다. 다음 대화를 살펴보자.

"지금 시간이 촉박해서 디자인 방안이 좀 일찍 나와야 우리가 다시 토론할 수 있거든요." "네, 최대한 빨리 할게요. 이틀간 잔업하면서 서둘러 디자인하고 있고, 가장 빨리 해달라는 요청에 맞춰서 이미 진행하고 있어요."

양쪽 의견이 일치된 것처럼 보이지만, 대화에서 어떤 문제가 발생했는지 알아차렸는가? '적극적'의 기준이 무엇인지, '좀 일찍'은 언제인지, '최대한 빨리'는 얼마나 빠른 것인지, 많은 상황에서 이렇게 두루뭉술한 표현이 나타나는 이유는 사전에 기준을 통일하지 않았기 때문이다.

공동의 목표를 실현하기 위해서는 협력과 관련된 모든 일을 구체적이고 계량화가 가능하도록 표현해야 한다. 예를 들어 "행사가 이틀 후에 시작하니까, 늦어도 내일 오후 6시 전에는 최소 두 세트의 디자인 전단을 받아야 해요. 오늘 오후 3시 전에 콘셉트 밑그림을 받아보면 좋겠는데, 가능할까요?"처럼 말이다.

관리자는 자신이 제시한 모든 요구사항이 더 명확하고 구체적이며 계량화가 가능하게 해야 한다. 그러나 모두들 이와 비슷한 경험이 있을 것이다. 책임을 확실하게 분배했지만 일이 우리의 경험 범위를 벗어나 변화하고 통제가 불가능해지면, 겉으로는 완벽해 보여도 공백이 생기고 책임 부재 상황을 겪는다. 이는 관리자 한 사람만의 문제가 아니라, 협력이라는 관점에서 출발하여 모든 참여자가 자신이 어떤 일을 주도적으로 감당할 수 있는지 생각해봐야 하는 문제다.

아무것도 안 하는 것,
이 또한 하나의 역할이다

좋은 협력은 사람마다 협력관계에서 어떤 역할을 맡을지 명확하게 분배하는 것이다. 말하는 사람이 있으면 듣는 사람도 있어야 하는 것처럼 말이다. 회사에서 관리자가 요구사항을 최대한 세분화하고 책임자를 구체적으로 명확히 하면 다 함께 협조하고 지휘에 따라서 책임 부재 상황을 피한다.

그러나 이와 정반대 상황도 있다. 바로 모든 사람이 책임을 지고 앞다투어 한 가지 일을 하려다가 충돌이 생기거나 어떤 면에서 과도하게 힘을 쓰기도 하는 것이다. 이런 상황 역시 참여자가 효과적으로 협력하기는 힘들다. 마치 두 사람이 서로 맞은편에서 길을 걸어오다가 재미있는 상황이 빚어지는 것과 비슷하다. 두 사람 모두 왼쪽이나 오른쪽으로 걷다가 다시 왼쪽으로 걸으며 계속 서로를 피하려고 한다.

이것이 바로 내가 말하는 '역할 겹침'인데, 이 역시 협력을 실패로 만드는 원인 중 하나다. 사람마다 생각이 너무 많고, 다 저마다의 의견을 고집하며, 자기 말이 일리가 있으니 자기 생각대로 따라야 한다고 여긴다. '사람마다' 자기가 책임지고 처리한다고 생각하는 것은 '아무도' 책임지고 처리하지 않는 것과 같다. 각자 맞은편에서 걸어오던 두 사람이 되도록 빨리 가고 싶다면 어떻게 하는 것이 좋을까? 가장 좋은 방법은 한 사람이 멈춰서 그 자리에 가만히 있다가 다른 한 사람이 왼쪽이나 오른쪽으로 지나간 뒤에 가던 길을 가는 것이다.

특히 주의해야 할 사항은 협력 과정에서 명령을 내리고 제안하는 사람만이 목표를 책임지는 것이 아니라는 점이다. 아무것도 안 하는 듯이 보이는 사람도 자신의 역할을 담당하고 있기 때문에, 설령 집안 대소사에 쉽사리 자기 의견을 표현하지 않는 남편일지라도 실제로는 꼭 필요한 '무명의 영웅'일 수 있다.

3장에서도 비슷한 사례를 언급한 바 있다. 몇 사람이 같이 밥을 먹기로 약속했는데, 만일 그들이 전부 미식계의 KOL(Key Opinion Leader : 핵심 오피니언 리더)이라면 그 밥을 먹을 수 있을지는 장담하지 못한다. 그렇기 때문에 한 사람에게 권한을 부여함으로써 그 사람이 모두를 대표해서 결정하고 책임지고 주문하게 하며, 다른 사람은 '책임지고' 그의 결정에 따른다.

여기서 주의할 점은 '책임지고' 결정에 따르라는 것이다. 이런 관점에서 볼 때 우리는 아무것도 안 하는 것이 아니라 책임지고 '결정에 따르는' 역할을 하는 것이다. 팀 안에서 우리는 사방으로 환한 빛을 내뿜는 소수의 사람을 기억하곤 한다. 그 소수가 의견을 제시하고 결정을 내리기 때문에 모두들 기를 쓰고 이런 '소리를 내는' 사람이 되고자 한다.

그러나 의견을 제시하는 사람이 이미 너무 많아서 역할이 겹치는데도 의견을 듣는 사람은 없고 아무도 그 일부의 책임을 지려 하지 않는다. 협력에는 책임지고 결정하는 사람뿐 아니라 책임지고 결정을 따르는 사람도 있어야 한다. 이렇게 협력에 참여하는 사람만이 좋은 협력관계를 형성할 수 있다.

이 역시 일종의 사고를 전환하는 방법으로, 소극적이고 수동적이며 중요하지 않은 행동을 적극적이고 주동적이며 에너지를 축적한 행동으로 볼 수 있다. 우리는 줄곧 남편이 자신의 역할을 하지 않는다고 불평했던 아내에게 "만일 남편이 매사에 주인 노릇을 하려고 들면 집안에서 당신의 지위가 위협받지 않을까요?"라고 말할 수 있다. 직원이 묵묵히 일만 할 줄 알고 아무 소리도 내지 않는다며 불평하는 관리자에게도, 모든 동료가 다 팔방미인이고 자기 의견을 발표하는 데 능숙하기를 바라는 것이 과연 맞는지 상기시킬 수 있다.

문제를 체계적인 시각에서 바라보고 역할마다의 중요성을 봐야만 더 고차원적인 생각을 얻을 수 있다. 이런 적극적인 시각의 영향을 받은 사람들은 주도적으로 '리스너' '추종자' 역할을 맡고 이에 대해 자부심을 느끼며, 팀에서 자신의 의미와 가치를 느낄 수 있게 된다.

누구나 관계 속에서
살아간다

앞의 11개 장에서는 무엇을 자신이 책임져야 하며 무엇을 다른 사람이 책임져야 하는지, 언제 '나'를 말하고 언제 '당신'을 말해야 하는지, 자신의 요구사항을 어떻게 봐야 하며 다른 사람의 요구사항을 어떻게 봐야 하는지를 다루었고, 마지막에는 주어가 '우리'로 변했다. 모든 사람은 사회관계 속에서 서로의 다름을 맞춰가고 서로 지지해야만 자신이 가고자 하는 방향으로 나아갈 수 있다. 우리가 이 책을 통해 심리학과 경영학 이론들을 자세히 분석하고 설명한 이유는 한 가지 목적을 위해서였다.

바로 모든 사람이 자신의 능동성을 더 발휘하게 하는 것이다. 어떻게 해도 통제할 방법이 없다고 여겨지는 순간, 충돌이 가득한 상황에서 통제 불능을 다른 시각으로 받아들이는 법을 배우고 문제의 본질을 꿰뚫어보며 협력하는 방법을 적극적으로 모색하는 것이다.

1. 생활 속에서 당신과 남편은 사실 협력관계라는 사실을 알게
   되었는가? 이를 어떻게 깨닫게 되었나?

   _____

   _____

   _____

   _____

2. 어떻게 하면 협력 관리라는 관점에 서서 동료와 리더가 당신
   을 위해 일하게 할 수 있을지 생각해본 적이 있는가?

   _____

   _____

   _____

   _____

12장 협력 관리

당신이 협력하지 못하는 것이 아니라, 자신이 지금 협력하고 있다는 사실을 잊어버리는 경우가 많다

---

1. 왜 협력 중이라는 사실을 잊어버리는가?

① 관계가 대등하지 못해서, 갑을 관계인 것 같아서

② 옳고 그름을 다투느라, '자신이 옳음을 증명하는 것'을 목표로 삼아서

③ 제로섬 게임처럼 보이지만 사실은 협력

➡️

2. 협력의 결과를 잊음

결과 ① 서로 양보하지 않고 대립하여 분쟁이 발생

결과 ② 고립무원, 혼자서 노력

---

3. 어떻게 협력을 달성하는가?

① 공동의 목표 찾기 : 주어 전환 기술('나'를 '우리'로 바꿈)

- 시각을 '나'에서 '우리'로 옮기고 나 자신의 목표를 모든 사람의 목표로 하지 않음
- '그 사람'의 입장에 서서 그 사람 행동의 이면에 숨어 있는 의미를 긍정적으로 바라봄
- 고차원적으로 '우리'의 공동 목표를 봄

② 책임 분배 : 누가 무엇을 하고 누가 무엇을 하지 않는지(what why how)

(1) what
- 공동의 목표가 있는데도 달성할 방법이 없음
- 아무도 책임지지 않아 책임의 부재 발생
- 모두가 앞다투어 책임을 지려고 해서 책임의 겹침 발생

(2) why
- 책임 분배 : 협력 과정에서 사람마다 어떤 부분을 해야 하는지 명확히 함

(3) how
- 책임의 부재구역 : '누군가'는 '아무도'를 뜻함
- 책임의 과도한 겹침 : '모든 사람'이 자신이 책임지고 결정하려고 함

결국은, 당신과 나 사이의 문제

원고의 마지막 글자를 수정한 10월 무렵은 항저우가 가장 아름다운 시기로, 도시 전체가 계수나무 향으로 가득 찬다.

나는 늘 좋아하는 사람과 함께할 수 있고 좋아하는 일을 할 수 있다면 하루하루가 가장 좋은 날이라고 말해왔다.《회사는 싫지만 회사 생활은 잘하고 싶어》를 만드는 과정이 바로 그런 시간이었다.

많은 사람들의 도움 덕분에 이 책이 드디어 세상에 나오게 되었다.

먼저 내 파트너 왕옌과 왕멍췬, 리쑹웨이에게 감사한다. 함께 창업하는 과정에 여러 어려움이 있었지만, 말다툼을 할지라도 서로만 보면 힘이 솟고는 했다.

내 오랜 친구이자 파트너인 왕옌은 말이 좀 안 되는 면도 있지만 어떻게든 방법을 생각해내는 사람이다. 맨 처음《회사는 싫지만 회사 생활은 잘하고 싶어》는 동영상 강의 형식으로 첫선을 보였는데 1차 편집본으로 나온 영상 효과가 좋지 않았다. "어떻게 하지?" 하며 의기소침해진 나에게 그녀는 "바꾸자. 이 허접한 영상, 내가 손볼게" 하고는 원고를 대폭 수정했다. 그 결과 동영상 강의 판매량은 반년 만에 10만 건에 달했는데, 동영상 속의 상황극이 강의의 하이라이트라는 댓글이 많았다. 바로 왕옌의 작품이었다.

왕멍췬은 회사의 전반적인 운영을 담당하는데, 일이 그녀의 손을 거치면 그렇게 마음이 놓일 수가 없다. 그 덕에 나는 내용 다듬는 작업에 집중할 수 있었다. 내가 주저하거나 갈팡질팡할 때마다 뒤에서 나를 밀어주었고, 나는 종종 그녀에게서 슬며시 에너지를 흡수했다. 그녀가 항상 말하는 '믿음의 힘을 믿는다'는, 내 마음속에 녹여둔 한마디다.

이 책의 전문 이론 고문인 리쑹웨이 선생은 기발한 상상력과 빈틈없는 학문 이론을 강점으로 강의에 나오는 심리학 관련 이론의 해설을 제공해주었다. '관리 기술'의 최초 아이디어가 바로 그와의 대화에서 나온 것이다. 나는 관리 연구를 좋아하고 그는 심리학의 전문 지식을 갖췄기 때문에 둘 사이에 교집합이 마련되었다.

만일 이 책을 자세히 읽는다면 관리와 심리 두 영역을 드나들다가 최종적으로 '사람과 사람 간의 관계'라는 종착지로 귀결된다는 점을 발견할 것이다.

《회사는 싫지만 회사 생활은 잘하고 싶어》 강의 프로듀싱을 위해 노력해준 차차, 샤오샤오, 왕차오에게도 고마움을 전한다.

원고의 편집·홍보·디자인을 지도해준 진제와 쑨슈슈, 장펑, 샤오징, 친즈에게도 감사한다.

내 막역한 벗이자 오랜 파트너인 진제는 내가 의기양양할 때나 밑바닥까지 추락할 때나 흔들림 없이 항상 내 곁에 있어주었다.

스디엔두슈(十点读书)의 린샤오, 무스젠, 샤오첸, 다환, 샤오미에게도 고맙다. 스디엔두슈는 내가 함께해본 팀 중 가장 친절하고 가장 순수했다. 처음에 그들과의 충돌이 없었다면 '관리기술'의 최초 형태도 없었을 것이다.

중신출판사의 장팡·이린·리전전 편집자의 묵묵한 노력에 감사의 뜻을 전한다. 내 첫 직업이 도서출판 편집인이었던 터라 출판에서 편집의 중요성을 아주 잘 알고 있다.

내 인생의 스승인 우샤오포 선생님과 샤오빙빙 사모님께도 감사한다. 처음 입사했을 때부터 시작된 인연으로 서로 힘이 되어주면서 어려움을 헤쳐왔다. 나를 가르치고 믿어주신 덕분에 끊임없이 시도할 수 있었으며, 결국 내 길을 찾을 수 있었다.

마지막으로, 나를 자랑스러워하고 무조건적인 응원과 최선의 노력으로 나를 도와준 남편과 아버지, 어머니, 시아버지 그리고 내 아이에게 특별히 고맙다. 특히나 "생명이 이렇게 재미있을 수 있는 거구나" 같은 말로 나를 깜짝 놀라게 하는 다섯 살 아들

샤오허타오가 무척이나 고맙다.

어느 날 저녁 나는 업무 톡방에서 동료와 논쟁 중이었다. 가뜩이나 일이 잘 풀리지 않아서 마음이 급했는데, 아이가 "엄마, 아직도 일 안 끝났어? 언제 나랑 양치질하러 갈 거야? 왜 아직도 안 끝나?"라고 계속 칭얼거리기에 "왜 엄마가 꼭 같이 가야 하는데? 너 혼자 양치질 못 해?" 이렇게 고함을 치고 말았다.

소리 지르고 나서 약간 멋쩍어진 나는 아이가 울까봐 걱정되었다. 그런데 아이는 내 예상과 달리 나를 바라보며 아주 침착하고도 아무렇지 않다는 듯 "내가 엄마 회사 직원도 아닌데 왜 나한테 소리를 질러?"라며 받아쳤다.

그때 내 처음 반응은 "어머, 얘가 에너지 관리에서 나오는 '과제 분리'를 활용하고 있잖아!"였다.

이튿날 친정 엄마가 말을 안 듣는 아이를 계속 꾸짖자 아이는 고개를 들고 "할머니도 맞고 나도 맞아요. 그냥 우리가 바라는 게 다를 뿐이라고요"라고 말했다.

그 순간, 내가 하는 모든 일에 의미가 충만한 것을 느꼈다.

관리의 신, 추이추이에 대하여

1.

추이추이는 란스즈의 첫 인턴이었다. 나는 그녀를 처음 보자마자 "편집자가 되기 딱 이네"라고 했다.

"왜냐, 네 이름이 추이추이여서 그렇지(발음이 '독촉하다'라는 뜻의 한자어와 동일, 번역자). 좋은 편집자는 작가를 끊임없이 죽어라 독촉해야 하는 사람이기 때문이거든. 작가는 독촉하는 네가 너무 성가시지만 책이 나오면 누구보다도 너한테 고마워할 거다."

역시 내 말이 맞았다. 추이추이는 탁월한 기획력과 원고 독촉으로 인턴기간에만도 베스트셀러를 몇 권이나 만들어 냈다.

졸업을 앞두고 내 사무실로 온 그녀는 지금 선택의 기로에 서 있다며 란스즈를 좋아하지만 대학원에 합격했다고 했다.

그래서 나는 매우 '무식'한 방법으로 그녀를 설득했고 과연 효과가 있었다. "그때 당시 나는 너보다 더 좋은 대학에 다녔고 추천으로 대학원에 입학할 수도 있었지만 가지 않았어. 왜냐? 글쓰기랑 편집 일은 실전이 더 중요하기 때문이야."

이 어리석은 처녀는 내 말을 진짜로 믿어버렸다.

2.

2008년 란스즈에는 직원이 10명 정도 있었는데 나는 추이추이를 편집장으로 밀어붙였다. 그때 그녀 나이 23살이었다.

그런 결정을 하게 된 이유를 말하면 당신은 아마 믿지 못할 수도 있다. 나는 특히나 사람 관리에 익숙하지 못한 사람이라서 반드시 나를 대신할 사람을 찾아야만 했다.

몇 해 전 한 기업인 선배가 '관리의 비결'에 대해서 말해준 적이 있다. "사람을 쓴다는 것은 그 사람을 권투 링 위에 올리는 것과 같아서, 코피가 터지고 두 눈이 밤탱이가 되도록 얻어맞더라도 맞아서 나가떨어지더라도 그것은 그 사람 본인 일이다."

그 후 몇 년 동안 그녀는 나보다 훨씬 잘했다. 란스즈가 국내 최대 오리지널 경제 전문 출판사로 성장할 수 있었던 것은 그녀의 넘치는 인간미, 일사불란한 경영과 밀접한 관련이 있다. 또 다른 뜻밖의 효과는 편집장이 빠우호우(85년 이후 출생, 번역가)이기 때문에, 그것도 10년 전에, 그녀가 모집한 파트너들도 거의 비슷한 연령대였다. 그래서 란스즈는 상당히 오랜 시간 동안 싱그러운 젊은 생기를 유지할 수 있었다.

추이추이는 나와 함께 하면서 실패를 맞보기도 했다.

2010년 디지털 출반이 부상하기 시작하면서 란스즈의 구조 전환 차원으로 나는 디지털 출판 센터를 설립하였고 추이추이를 필두로 내세웠다. 놀랍게도 그녀는 단숨에 회사의 디지털화 구조 전환을 성사시켰고 1년 후 '즈훼이스'라는 전사적 지식 서비스 상품을 만들었다. 그렇지만 안타깝게도 '즈훼이스'는 너무 시대를 앞섰다. 몇 십 명의 팀원이 2년여의 시간을 투자했으나 끝내 막다른 길에 몰리게 되었다.

정말 놀라운 점은 마지막 순간까지도 추이추이팀은 최고의 단결력을 보여줬고 추진력이 넘쳐흘렀다는 것이다.

'즈훼이스' 프로젝트가 끝난 후 그중 핵심 팀원은 현재 빠지우링(巴九灵)의 COO(최고운영책임자)가 되었고 다른 팀원들은 란스즈에 남아 있든 떠났든 나름의 성과를 거두었으며 서로 돈독한 관계를 유지하고 있다. 이것은 관리자 덕분일 것이다.

3.

2015년 나는 차오궈쑹과 리스트 투자 펀드를 설립하여 국내에서 최초로 1인 미디어에 투자했다. 추이추이는 또 나한테 등 떠밀려 '개척'하게 됐다. 그 후 1년 동안 그녀는 스디엔두슈(十点读书), 링훈요샹치더뉘즈(灵魂有香气的女子), 샤오어퉁(小鹅通), 장더펀콩젠(张德芬空间) 등의 투자에 참여하여 큰 성과를 일궈냈다.

2년이 지난 어느 날 몸이 근질근질하던 그녀는 갑자기 여성 성장 프로젝트를 주제로 창업을 하고 싶다는 얘기를 꺼냈다.

이렇게 해서 여성의 평생 발전을 위한 솔루션 제공 플랫폼인 맘셀프가 탄생했고 여성 발전 커리큘럼이 생겨났으며《회사는 싫지만 회사 생활은 잘 하고 싶어》가 나오게 되었다.

지금 돌이켜보면 10년이 넘는 시간 동안 추이추이가 훅훅 클 수 있었던 것은 분명 나의 '관리' 덕이 아니었다.

어떤 일을 하든지 그녀는 우선 그 일을 사랑하는 것부터 시작했고 일단 하겠다고 마음을 먹으면 후회 없이 최선을 다했다. 또한 사람 마음을 다독이며 경영 업무에 종사했고 여성 특유의 세심함과 부드러움으로 여러 인간관계를 처리하는 데 능숙했으며 섬세한 결벽이 있는 사람이었다. 이 점은 나랑 닮아서 가장 번거로운 업무를 원만하게 처리해내는 능력이 있었다.

경영학의 대가 피터 드러커는 경영은 과학이나 예술이 아닌 본질로 말하며 사람에 대한 통찰이자 사물에 대한 이해능력이라고 했다.

추이추이의 이 새 책은 바로 그녀의 실천과 사고의 결과물이다. 책 속에 담긴 유용한 진리들을 깨닫기를 바라는 마음으로 오늘 여러분께 이 책을 추천한다.

-우샤오보(吳曉波, 작가, 빠지우링 뉴 미디어, 란스즈 출판사 창립인)

회사는 싫지만 회사 생활은 잘하고 싶어

초판 인쇄   2019년 12월 10일
초판 발행   2019년 12월 20일

지은이   추이추이
옮긴이   고경아
펴낸곳   다른상상
등록번호   제399-2018-000014호
전화   031)840-5964
팩스   031)842-5964
E-mail   songa7788@naver.com

ISBN 979-11-90312-03-5 03320

이 도서의 국립중앙도서관 출판예정도서목록(CIP)은 서지정보유통지원시스템
홈페이지(http://seoji.nl.go.kr)와 국가자료공동목록시스템(http://www.nl.go.kr/
kolisnet)에서 이용하실 수 있습니다.(CIP제어번호: CIP2019046415)

독자 여러분의 책에 관한 아이디어나 원고 투고를 설레는 마음으로 기다리고 있습니다.
이메일로 간단한 개요와 취지, 연락처를 보내주세요. 독자님과 함께하겠습니다.